MICROECONOMIA BRASILEIRA CONTEMPORÂNEA

MICROECONOMIA BRASILEIRA CONTEMPORÂNEA

André Portela Souza
Bernardo Guimarães

FGV EDITORA EESP

Direitos desta edição reservados à
FGV EDITORA
Rua Jornalista Orlando Dantas, 9
22231-010 | Rio de Janeiro, RJ | Brasil
Tel.: 21-3799-4427
editora@fgv.br | www.editora.fgv.br

Impresso no Brasil | *Printed in Brazil*

1ª edição: 2024

Preparação de originais: Ronald Polito
Projeto gráfico de miolo e diagramação: Horizon Soluções Editoriais
Revisão: Michele Mitie Sudoh
Capa: Aline Carrer

Dados Internacionais de Catalogação na Publicação (CIP)
Ficha catalográfica elaborada pela Biblioteca Mario Henrique Simonsen/FGV

Souza, André
Microeconomia brasileira contemporânea / André Portela Souza, Bernardo Guimarães. – Rio de Janeiro : FGV Editora, 2024.
260 p., 14x21 cm

Inclui bibliografia.
ISBN: 978-65-5652-262-3

1. Microeconomia. 2. Modelos econométricos. I. Guimarães, Bernardo de Vasconcellos. II. Fundação Getulio Vargas. III. Título.

CDD – 338.5

Elaborada por Márcia Nunes Bacha – CRB-7/4403

SUMÁRIO

Prólogo

Objetivo

A VONTADE de escrever este livro partiu de duas observações: (1) Muitos estudantes terminam seus cursos de microeconomia sem uma conexão clara entre a teoria aprendida e a discussão sobre políticas públicas. É comum observar estudantes que aprenderam o instrumental da microeconomia conversando sobre problemas econômicos utilizando apenas o senso comum, sem aproveitar as importantes lições da teoria. (2) O estudo de economia brasileira contemporânea normalmente foca nos aspectos macroeconômicos (planos de desenvolvimento, planos de estabilização etc.). Os aspectos microeconômicos não recebem atenção apesar da sua enorme importância. Este livro foca nas questões microeconômicas relevantes para as políticas públicas do Brasil de hoje.

Com essas questões em vista, os objetivos deste livro são: (1) Ensinar os estudantes de economia a aplicar o instrumental da análise microeconômica a questões e situações concretas da realidade brasileira. Assim, este livro quer trazer para o debate de políticas públicas a análise microeconômica. (2) Contribuir com a discussão substantiva das políticas públicas, a partir de um ponto de vista da teoria econômica. Os tópicos analisados são importantes questões atuais de políticas públicas no Brasil, e as análises apresentadas trazem lições que podem ajudar a modificar as instituições existentes de modo que elas gerem alocações de recursos mais eficientes.

Para analisar cada tópico, nós construímos modelos microeconômicos que buscam captar a essência das questões estudadas. Modelos nada mais são que parábolas representando de maneira formal o problema em questão, fornecendo um arcabouço para entendermos as decisões de cada agente envolvido e o resultado das interações entre eles. Com frequência, os modelos nos trazem lições que parecem claras e importantes depois de entendidas, mas que não teriam ocorrido à maioria de nós.

As questões de políticas públicas são em geral bastante complexas de modo que nunca é possível ter certeza de que as implicações sugeridas por uma análise qualquer estão de fato corretas: aspectos importantes podem ter sido deixados de lado, políticas sugeridas podem afetar outras questões etc. Essa ressalva vale para os modelos microeconômicos (assim como para qualquer outro tipo de análise). Assim, mais do que fornecer a implicação de política apropriada para os diversos tópicos estudados, estamos interessados em ensinar o leitor a utilizar a microeconomia ao pensar sobre políticas públicas.

Após estudar cada tópico, é bem possível que as pessoas fiquem com opiniões diferentes sobre determinadas políticas. O objetivo do curso é que as discordâncias sejam baseadas em opiniões diferentes sobre pressupostos dos modelos, ou sobre a importância relativa de diversos aspectos, ou sobre os objetivos das políticas públicas — e não em *slogans* ou ideias preconcebidas sem uma lógica consistente por trás delas.

Os modelos buscam ser simples em termos matemáticos. Por exemplo, em muitos casos, utilizar uma forma funcional específica para a função de produção ou utilidade torna a análise mais simples, mas os resultados ficam menos gerais — ainda que, via de regra, os resultados possam ser extendidos para ambientes mais gerais. Em geral, optamos pela simplicidade, mas os estudantes que quiserem mergulhar a fundo nas questões podem estender os modelos e tentar generalizar os resultados. Modificações e extensões dos modelos básicos, bem como os exercícios e as discussões sobre aspectos que ficaram de fora da análise, podem levar a conclusões distintas.

Ao final do estudo deste livro, esperamos que os leitores sejam capazes de aplicar os ensinamentos deste livro a problemas que julgarem interessantes, trazendo para análise o olhar do economista.

Como livro texto, este livro pode ser usado em disciplinas de graduação ou pós-graduação, tais como: (1) economia brasileira ou economia aplicada; (2) microeconomia e outros cursos de economia aplicada (como organização industrial, economia do trabalho, finanças públicas); e (3) cursos de políticas públicas.

Estrutura

Cada capítulo trata de um tópico, que é estudado da seguinte maneira:

- Introduzimos o assunto (a questão, os dados, o debate etc.);
- Montamos um modelo básico para estudar o tópico;
- Estendemos o modelo básico de diversas formas;
- Deixamos alguns exercícios para os alunos;
- Concluímos e sugerimos caminhos para complementar a discussão.

Esperamos que o aprendizado continue muito após o fim do curso. Dados e evidências que venham a surgir poderão resolver as discordâncias ou levantar novas questões. Além disso, acreditamos que os estudantes estarão aptos a utilizar a microeconomia para entender melhor questões de políticas públicas que surjam no futuro.

1

Eficiência e distorções

Muito do debate político corrente está focado nas consequências distributivas das políticas. Estas são importantes, mas aqui focaremos nas consequências para a economia em termos de eficiência.

O conceito de eficiência é amplo. Para os físicos, por exemplo, eficiência relaciona-se com o menor uso possível de energia para o provimento de determinado bem. Para a ciência da computação, a eficiência é dada pela capacidade de algoritmos realizarem determinadas tarefas com uma menor necessidade de processamento. De maneira geral, a eficiência mede em que medida o tempo ou o esforço são "bem utilizados" para que determinado objetivo seja alcançado.

Para os economistas, a eficiência é alcançada quando, dada a tecnologia, os recursos disponíveis são utilizados de forma a maximizar alguma medida de utilidade ou de produção de bens e serviços. A forma mais conhecida para medir a eficiência de uma economia é por meio do conceito desenvolvido por Vilfredo Pareto, segundo o qual uma alocação é Pareto-eficiente se é impossível melhorar a utilidade de um indivíduo sem diminuir a utilidade de outro (alternativamente, se é impossível produzir mais de um bem sem produzir menos de outro bem).[1]

Ineficiências são perdas de bem-estar. O objetivo do curso é estudar questões relevantes para políticas públi-

---

[1] Existem outros critérios utilizados para a determinação de eficiência, como o critério de Kaldor-Hicks ou critérios de eficiência distributiva.

cas brasileiras com modelos econômicos simples que nos mostram as ineficiências que se pretende corrigir e as que são geradas pelas políticas públicas. Começamos com um modelo básico de uma economia simples que ilustra o conceito de eficiência.

1.1 Modelo básico

Há n pessoas na economia, n é um número grande. Há dois bens, 1 e 2.

Há 2 tecnologias:

$$y_{1j} = \alpha_1 L_{1j} \;\; ; \;\; y_{2k} = \alpha_2 L_{2k}$$

sendo y_{1j} a produção do bem 1 da firma j, y_{2k} é a produção do bem 2 da firma k, α_1 é um fator exógeno que traduz a produtividade na produção do bem 1 e, analogamente, α_2 é um fator exógeno que traduz a produtividade na produção do bem 2.

Um indivíduo i tem função utilidade

$$u_i(c_{1i}, c_{2i}, \ell) = \log(c_{1i}) + \log(c_{2i}) - \frac{\chi}{2}\ell_i^2$$

em que c_{1i} é o consumo do bem 1 do indivíduo i, c_{2i} é o consumo do bem 2 do indivíduo i, ℓ_i é o esforço dispendido na produção dos bens e χ 'e um fator exógeno que mede o custo do trabalho para o indivíduo.

1.1.1 *A escolha do planejador central*

O planejador central escolhe consumo e esforço de todos os indivíduos visando maximizar uma função de bem-estar social com pesos iguais para todos os indivíduos, dada por

$$W = \sum_i \left(\log(c_{1i}) + \log(c_{2i}) - \frac{\chi}{2} \ell_i^2 \right)$$

sujeito às restrições de factibilidade:

$$\sum_i c_{1i} = \sum_j \alpha_1 L_{1j} \quad (1.1)$$

$$\sum_i c_{2i} = \sum_k \alpha_2 L_{2k} \quad (1.2)$$

$$\sum_i \ell_i = \sum_j L_{1j} + \sum_k L_{2k}\,. \quad (1.3)$$

Lagrangeano (ignorando as restrições de não negatividade):

$$\begin{aligned} \pi = \ & \textstyle\sum_i \left(\log(c_{1i}) + \log(c_{2i}) - \frac{\chi}{2}\ell_i^2\right) + \\ & +\mu_1 \left(\textstyle\sum_j \alpha_1 L_{1j} - \sum_i c_{1i}\right) + \\ & +\mu_2 \left(\textstyle\sum_k \alpha_2 L_{2k} - \sum_i c_{2i}\right) + \\ & +\mu_3 \left(\textstyle\sum_i \ell_i - \sum_j L_{1j} - \sum_k L_{2k}\right). \end{aligned}$$

As condições de primeira ordem são

$$c_{1i} : \frac{1}{c_{1i}} = \mu_1 \quad \text{para todo } i \quad (1.4)$$

$$c_{2i} : \frac{1}{c_{2i}} = \mu_2 \quad \text{para todo } i \quad (1.5)$$

$$\ell_i : \chi \ell_i = \mu_3 \quad \text{para todo } i \quad (1.6)$$

$$L_{1j} : \mu_1 \alpha_1 = \mu_3 \quad \text{para todo } j \quad (1.7)$$

$$L_{2k} : \mu_2 \alpha_2 = \mu_3 \quad \text{para todo } k\,. \quad (1.8)$$

Juntamente com as restrições de factibilidade, elas determinam o equilíbrio.

As condições de primeira ordem nas equações 1.4, 1.5 e 1.6 mostram que $c_{1i} = c_1$ para qualquer i, $c_{2i} = c_2$ para qualquer i, $\ell_i = \ell$ para qualquer i, pois os multiplicadores do planejador central (μ_1, μ_2 e μ_3) não dependem da identidade de cada indivíduo i.

Juntando equações 1.4 e 1.5, obtemos

$$\frac{c_{1i}}{c_{2i}} = \frac{\mu_2}{\mu_1}. \tag{1.9}$$

Juntando equações 1.7 e 1.8, obtemos

$$\frac{\alpha_1}{\alpha_2} = \frac{\mu_2}{\mu_1} \tag{1.10}$$

e assim

$$\frac{c_{1i}}{c_{2i}} = \frac{\alpha_1}{\alpha_2}. \tag{1.11}$$

Definindo $\bar{L}_1$, $\bar{L}_2$ e $\bar{L}$ como:

$$\bar{L}_1 = \sum_j L_{1j}$$

$$\bar{L}_2 = \sum_k L_{2k}$$

$$\bar{L} = \bar{L}_1 + \bar{L}_2.$$

Manipulando 1.1 e 1.11, obtém-se:

$$\begin{aligned} \sum_i \frac{\alpha_1}{\alpha_2} c_{2i} &= \sum_j \alpha_1 L_{1j} \\ \sum_i c_{2i} &= \sum_j \alpha_2 L_{1j} \end{aligned}$$

e usando 1.2,

$$\bar{L}_1 \equiv \sum_j L_{1j} = \sum_k L_{2k} \equiv \bar{L}_2$$

e assim, usando 1.3:

$$\bar{L}_1 = \bar{L}_2 = \frac{n\ell}{2}.$$

Manipulando 1.6, 1.4 e 1.1, obtemos:

$$nc_1 = \alpha_1 \frac{n\ell}{2} \quad \text{e} \quad \chi\ell = \frac{\alpha_1}{c_1}$$

que implica

$$\ell = \sqrt{\frac{2}{\chi}}.$$

Temos então:

$$\bar{L}_1 = \bar{L}_2 = \frac{n\sqrt{\frac{2}{\chi}}}{2}$$

$$\bar{L} = n\sqrt{\frac{2}{\chi}}.$$

É possível ainda calcular o consumo individual de cada um dos bens:

$$c_{1i} = \frac{\alpha_1}{2}\sqrt{\frac{2}{\chi}}$$

$$c_{2i} = \frac{\alpha_2}{2}\sqrt{\frac{2}{\chi}}.$$

Finalmente, também é possível calcular o consumo total de cada um dos bens, dados por Y_1 e Y_2:

$$Y_1 = \sum_i c_{1i} = n\frac{\alpha_1}{2}\sqrt{\frac{2}{\chi}}$$

$$Y_2 = \sum_i c_{2i} = n\frac{\alpha_2}{2}\sqrt{\frac{2}{\chi}}.$$

1.1.2 Equilíbrio no mercado competitivo

Caso as decisões sejam descentralizadas, sabemos que o consumidor maximiza:

$$U_i = \log(c_{1i}) + \log(c_{2i}) - \frac{\chi}{2}\ell_i^2$$

sujeito a

$$p_1 c_{1i} + p_2 c_{2i} = w\ell_i\,.$$

Denotando por λ o multiplicador de Lagrange referente à restrição orçamentária, temos que as condições de primeira ordem são:

$$c_{1i} : \frac{1}{c_{1i}} = \lambda p_1 \quad \text{para todo } i \qquad (1.12)$$

$$c_{2i} : \frac{1}{c_{2i}} = \lambda p_2 \quad \text{para todo } i \qquad (1.13)$$

$$l_i : \chi\ell_i = \lambda w \quad \text{para todo } i\,. \qquad (1.14)$$

Manipulando, obtém-se

$$\frac{c_{1i}}{c_{2i}} = \frac{p_2}{p_1}\,.$$

Além disso, utilizando a condição de primeira ordem pra ℓ_i e para c_{1i} e a restrição orçamentária, obtemos:

$$p_1 c_{1i} - \frac{w}{\sqrt{2\chi}}$$

que implica

$$\ell_i = \sqrt{\frac{2}{\chi}}$$

como anteriormente. Novamente temos:

$$\bar{L} = n\sqrt{\frac{2}{\chi}}\,.$$

E mais uma vez podemos calcular o consumo de cada bem:

$$c_{1i} = \frac{w}{2p_1}\sqrt{\frac{2}{\chi}}$$

$$c_{2i} = \frac{w}{2p_2}\sqrt{\frac{2}{\chi}}.$$

As firmas maximizam lucro, tomando preços e salários como dados. Sabemos que o lucro da firma j é dado por:

$$p_1\alpha_1 L_{1j} - wL_{1j}$$

e o da firma k por:

$$p_2\alpha_2 L_{2k} - wL_{2k}.$$

Em um equilíbrio competitivo, o custo marginal é igual a receita marginal (o lucro de ambos é igual a zero), ou seja:

$$\begin{aligned} p_1\alpha_1 &= w \\ p_2\alpha_2 &= w \end{aligned}$$

de onde sai a relação

$$\frac{\alpha_1}{\alpha_2} = \frac{p_2}{p_1}.$$

Note que as relações entre α's e c_i's são as mesmas que antes, com preços p_1 e p_2 no lugar dos multiplicadores μ_1 e μ_2. Podemos definir as curvas de oferta das firmas:

$$p_1 = w/\alpha_1$$

$$p_2 = w/\alpha_2.$$

Na figura 1.1, podemos observar as curvas de demanda (D) e de oferta (S) para o bem 1. Para o bem 2 teríamos um gráfico semelhante.

Figura 1.1 – Oferta e demanda do bem 1

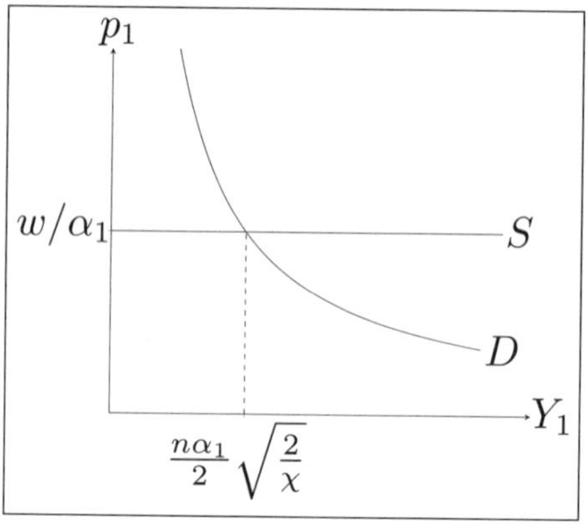

Fonte: Elaboração dos autores.

Na figura 1.2, podemos observar as curvas de demanda (D) e de oferta (S) de trabalho.

Figura 1.2 – Oferta e demanda no mercado de tabalho

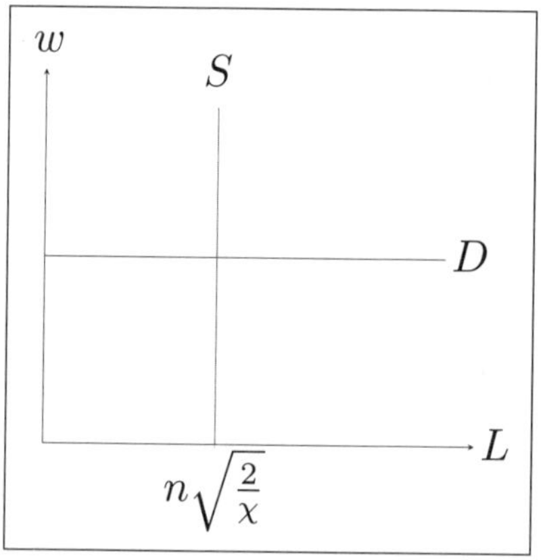

Fonte: Elaboração dos autores.

A figura 1.3 ilustra a perspectiva do indivíduo: a restrição orçamentária (BC) e uma curva de indiferença (IC).

Figura 1.3 – Restrição orçamentária e curva de indiferença

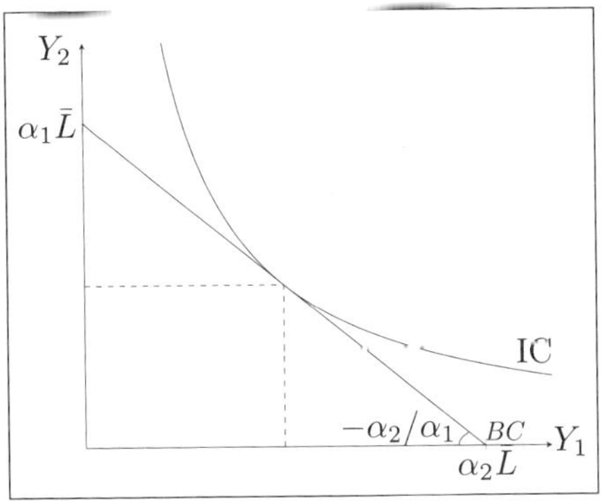

Fonte: Elaboração dos autores.

Note que a inclinação da curva BC corresponde à Taxa Marginal de Transformação (TMT). No caso em questão, de um mercado competitivo, a TMT é igual à Taxa Marginal de Substituição (TMS) e também é igual à Taxa Marginal de Substituição Técnica (TMST). Portanto, vale a seguinte relação:

$$|TMT| = |TMS| = |TMST| .$$

1.1.3 O equilíbrio de mercado é eficiente

Não há falhas de mercado no modelo: os mercados são competitivos, produção e consumo não geram externalidades, nem há qualquer problema de assimetria de informação. Vale, portanto, o primeiro teorema do bem-estar: o equilíbrio de mercado é Pareto-eficiente, o planejador central não pode gerar uma alocação diferente que não deixe ninguém pior.

1.2 Subsídio à produção de um bem

Vamos analisar agora um exemplo de intervenção do governo. Suponha que seja criado um subsídio para a produção do bem 1, financiado com um imposto sobre o trabalho. Para cada unidade produzida do bem 1, a firma recebe um subsídio s. A quantia gasta com esse incentivo fiscal é financiada a partir de um imposto lump-sum. Assim o consumidor maximiza:

$$U_i = \log(c_{1i}) + \log(c_{2i}) - \frac{\chi}{2}\ell_i^2 - T$$

sendo T o imposto.

Note que as condições de primeira ordem para esse problema são idênticas às anteriores, dadas pelas equações (1.12), (1.13) e (1.14).

O novo problema das firmas é maximizar seu respectivo lucro que agora incorpora o subsídio. Para a firma j temos:

$$(p_1 + s)\alpha_1 L_{1j} - wL_{1j} .$$

E para a firma k:

$$p_2\alpha_2 L_{2k} - wL_{2k} .$$

Em um equilíbrio competitivo, o custo marginal é igual a receita marginal (o lucro de ambos é igual a zero), ou seja:

$$\begin{aligned} (p_1 + s)\alpha_1 &= w \\ p_2\alpha_2 &= w . \end{aligned}$$

Portanto,

$$\frac{p_2}{p_1 + s} = \frac{\alpha_1}{\alpha_2}$$

e como

$$\frac{c_1}{c_2} = \frac{p_2}{p_1}$$

temos que

$$\frac{c_1}{c_2} > \frac{\alpha_1}{\alpha_2}.$$

O subsídio gera, portanto, uma ineficiência. Há um excesso de produção e consumo do bem 1 e uma falta de produção e consumo do bem 2, no sentido de que os consumidores estariam melhores se parte do trabalho empregado na produção do bem 1 fosse alocada para produzir o bem 2. Produtores não estão escolhendo o que produzir com vistas nos reais custos de produção de cada bem.

Este é um exemplo simples, onde não há qualquer motivo para subsidiar a produção de um bem, então não é surpreendente que o resultado seja uma ineficiência. O resultado ilustra o conceito de eficiência e mostra como um incentivo para se produzir mais pode piorar o bem-estar social.

1.3 Conclusões

Quando não há distorções, intervenções podem tornar a economia menos eficiente. Nos próximos capítulos, abordaremos importantes questões atuais de políticas públicas no Brasil, utilizando o arcabouço da microeconomia.

1.4 Exercício

Vamos agora considerar outras intervenções. O que acontece nos seguintes casos?

1. Subsídio ao trabalho, financiado com imposto lump-sum.
2. Incentivo fiscal para um dos setores, financiado por imposto na renda do trabalho.
3. Imposto sobre o trabalho para financiar a produção de um bem público G que leva utilidade aos agentes $f(G)$, sendo f uma função crescente e côncava, $f' > 0$ e $f'' < 0$.

2

Mercado de trabalho informal

PRATICAMENTE todas as economias em desenvolvimento no mundo (e em particular na América Latina) apresentam uma característica em comum nos seus mercados de trabalho: a existência de um relevante (em termos de tamanho) setor informal (figura 2.1). No caso brasileiro, entenderemos que um trabalhador do setor informal é aquele sem carteira assinada.[2]

Tradicionalmete, a informalidade é explicada pelos custos (encargos) associados à contratação, manutenção e demissão dos trabalhadores.[3] Nesse sentido, firmas optam pela informalidade para escapar do "peso" associado à formalização. Por esse motivo, as empresas informais tenderiam a oferecer empregos de pior qualidade e, consequentemente, a informalidade estaria associada à necessidade de escapar do desemprego a qualquer custo, à pobreza, à desigualdade e à ineficiência do mercado de trabalho.

Alguns estudos recentes questionam algumas dessas conclusões argumentando que, pelo menos em parte, a informalidade pode ser fruto de escolhas pessoais dos trabalhadores, considerando-se as preferências e o capital humano dos trabalhadores. Por exemplo, alguns indivíduos

---

[2] Em outros países, onde não existe a carteira de trabalho, pode ser mais difícil definir trabalho informal. Em grande parte das vezes, o emprego informal é confundido com o emprego por conta própria.

[3] Ver, por exemplo, Fields (1975) e Dickens e Lang (1985).

podem valorizar a flexibilidade de horário ou a liberdade que encontram ao trabalharem por conta própria (sem a necessidade formal de ter chefes e horários rígidos).

No Brasil, a legislação trabalhista impõe altos encargos sobre o trabalhador formal, aqui considerado aquele que tem carteira de trabalho assinada. Exemplos desses encargos são 13º salário, adicional de férias, FGTS, e INSS. Portela et al. (2012) argumentam que muitas vezes o valor pago pelo empregador por cada um desses benefícios é superior ao valor percebido pelo trabalhador. A essa diferença de valores é dado o nome de custo da legislação trabalhista. Quanto maior o custo da legislação trabalhista, maior o incentivo para a empresa e para o trabalhador migrarem para o setor informal da economia.

Em um estudo de caso para empresas do setor têxtil, os autores mostram que o custo de um trabalhador formal fica entre 162,6% e 191,2% maior que o salário em carteira para as empresas a depender da duração do vínculo considerada, sendo de 23,9 a 31,1% devido a recebimentos adicionais do empregado, 50,8 a 67,2% devido a compensação do empregado (aí inclusos valores rescisórios) e de 93,8 a 109,3% devido a outros custos. Além disso, o custo da legislação trabalhista varia entre 17% e 48% do custo total despendido a depender também da duração do vínculo e dos cenários considerados para a valoração dos benefícios pelo trabalhador.

Estas peculiaridades do mercado de trabalho brasileiro fazem com que, historicamente, a informalidade atinja mais de 50% da força de trabalho. Em 2019[4], a PNAD mostrava que mais de 46 milhões de pessoas trabalhavam na informalidade, o que representava 51% de toda a população ocupada.

---

[4] Ver nota da Tabela 2.1.

Tabela 2.1 – Distribuição da população brasileira segundo a posição na ocupação

	Número de Pessoas	% da População	% PEA	% Pop. Ocupada
População Total	210,147,125	100%	-	-
PEA	107,133,000	51%	100%	-
Desempregados	12,490,000	6%	12%	-
Informais	39,347,000	19%	37%	42%
Empregados Informais	18,968,000	9%	18%	20%
Conta Própria Informais	17,060,000	8%	16%	18%
Empregadores Informais	1,235,000	1%	1%	1%
Trabalhador Familiar Auxiliar	2,084,000	1%	2%	2%
Formais	55,296,000	26%	52%	58%
Militares e Funcionários Públicos	7,871,000	4%	7%	8%
Empregados Formais	36,934,000	18%	34%	39%
Conta própria Formais	7,356,000	4%	7%	8%
Empregadores Formais	3,135,000	1%	3%	3%

Fonte: PNAD contínua/IBGE (2019); elaboração própria.
Nota: Empregados formais foram considerados como tendo carteira assinada; empregadores e conta própria formais foram considerados contribuintes da previdência social.

Apenas nos anos recentes esse percentual vem caindo de forma consistente, mas ainda em patamar elevado (figura 2.1). Mesmo controlando pelas características observáveis dos trabalhadores, os empregados informais aparentemente ganham menos do que os formais, especialmente aqueles menos qualificados (Ponczek e Botelho, 2011; Bargain e Kwenda, 2010).

Figura 2.1 – Distribuição da população ocupada segundo a formalização

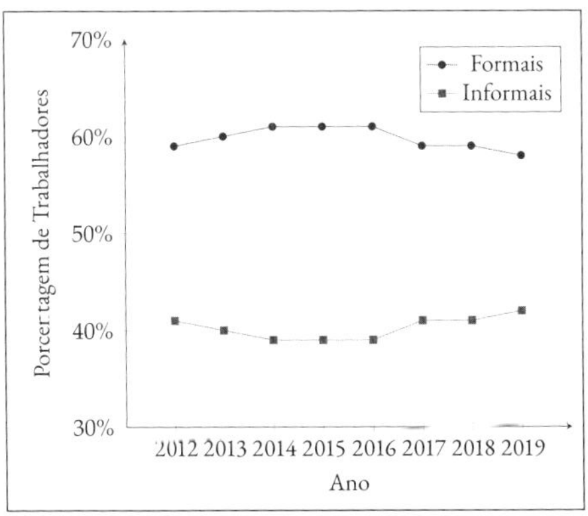

Fonte: PNADc/IBGE.

Figura 2.2 – Renda média da população ocupada segundo a formalização

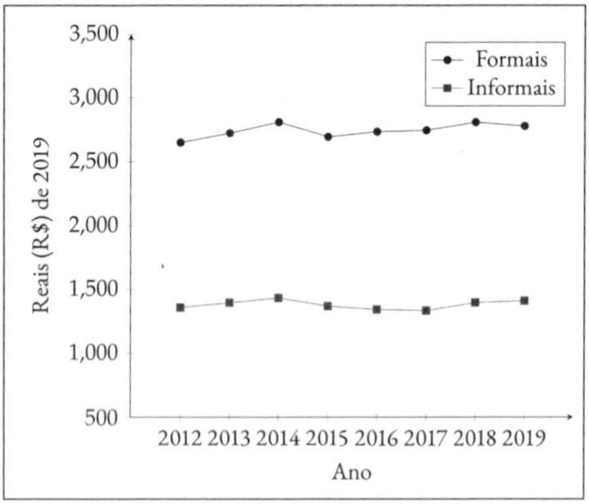

Fonte: PNADc/IBGE.

A seguir, vamos propor um arcabouço para pensar sobre informalidade no mercado de trabalho.

2.1 Modelo básico

Há um grande número de empresas na economia, cada empresa i tem uma função de produção

$$y_i = A_i f(N_i)$$

em que y_i é o valor do que é produzido, f é uma função de produção crescente e côncava ($f' > 0, f'' < 0$), N_i é o número de trabalhadores que a empresa emprega e A_i é um parâmetro de produtividade, que engloba tanto a quantidade que se produz por trabalhador quanto o valor de uma unidade produzida pela empresa.

A função de produção f e o parâmetro A_i serão tratados como exógenos. A empresa escolhe N_i que determina o valor do seu produto y_i.

O mercado de trabalho é competitivo, e as empresas tomam o salário w como dado.

O objetivo da empresa é maximizar seu lucro, dado por:

$$L = A_i f(N_i) - wN_i \,.$$

A condição de primeira ordem do problema de maximização implica:

$$A_i f'(N_i) = w \,. \tag{2.1}$$

A produtividade marginal do trabalhador é igual ao salário. O equilíbrio é mostrado na figura 2.3.

Figura 2.3 – Mercado sem impostos

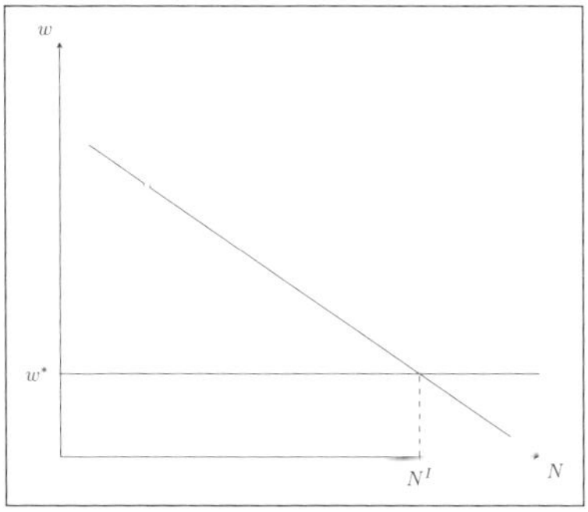

Fonte: Elaboração dos autores.

Para um dado salário w, quanto maior a produtividade da empresa, mais trabalhadores a empresa contratará. Da mesma maneira, quanto maior o salário, menos trabalhadores a empresa contratará.

2.2 Mercado formal e informal

Vamos introduzir a escolha da empresa entre o setor formal e o setor informal.

2.2.1 Hipóteses

Por ora, vamos supor que trabalhar no setor formal não traz nenhum benefício extra ao trabalhador. Como mostra a seção 2.3.2, essa hipótese não é importante: podemos interpretar o salário w como o salário recebido pelo trabalhador incluindo todos os benefícios (o adicional de férias, 13º salário, fundo de garantia, aposentadoria etc.), e a taxa t deve ser interpretada como os custos incorridos pela empresa por conta de ter um trabalhador com carteira assinada que não beneficiam diretamente esse trabalhador.

Em um mercado competitivo, um trabalhador escolhe a empresa que lhe oferece o maior salário. Em equilíbrio, como trabalhar no setor formal não traz nenhum benefício, o salário nos dois setores deve ser o mesmo (w).

Contratar um trabalhador formalmente tem custos: é preciso pagar os impostos e contribuições relevantes. Esses custos variam com o salário, então vamos considerar que um trabalhador no setor formal custa para a empresa $w(1+t)$. A empresa no setor formal escolhe trabalhadores de modo a maximizar:

$$L^F = A_i f(N_i) - w(1+t)N_i.$$

No mercado informal, poupam-se os custos dos impostos, mas corre-se o risco de pagar uma multa se a irregularidade for descoberta. Crucialmente, vamos assumir que a probabilidade de a empresa ser descoberta depende de seu tamanho: a probabilidade de punição é dada por πN_i, sendo $\pi > 0$. A ideia é que é muito mais fácil para um pequena lanchonete manter suas atividades no setor informal sem ser percebida, mas muito difícil para o McDonalds fazer o mesmo. Se for descoberta, a empresa no setor informal paga uma multa proporcional ao número de empregados, $N_i m$, sendo m uma constante. Assim, a empresa escolhe N_i de modo a maximizar:

$$L^I = A_i f(N_i) - wN_i - \pi m N_i^2.$$

2.2.2 *Equilíbrio*

A condição de primeira ordem para maximização para a empresa do setor formal é

$$A_i f'(N_i) = w(1+t). \tag{2.2}$$

Comparando essa equação com a do modelo básico (equação 2.1), vemos que a diferença é o termo $(1+t)$ multiplicando w: a produtividade marginal do trabalhador deve ser mais alta e, portanto, N_i será menor, por conta do imposto t.

A condição de primeira ordem para maximização para a empresa do setor informal é

$$A_i f'(N_i) = w + 2\pi m N_i. \tag{2.3}$$

Comparando essa equação com a do modelo básico (equação 2.1), vemos que a diferença é o termo $2\pi m N_i$ somado a w do lado direito: o ponto importante é que quanto maior for N_i, mais custoso é trabalhar no setor informal, pois a multa por funcionário é a mesma, mas a chance de ser descoberta é maior.

A empresa escolhe trabalhar no setor formal ou no setor informal de acordo com o que traz mais lucro. A figura 2.4 mostra a produtividade marginal da empresa, e os custos marginais nos dois casos (formal e informal). Optando pelo setor formal, a empresa contrataria N^F trabalhadores. Se escolher pelo setor informal, a empresa contrataria N^I trabalhadores. Mas o que a empresa escolhe? O lucro da empresa é dado pela área entre as curvas de receita marginal e custo marginal. Portanto, a empresa está indiferente se as áreas das regiões sombreadas da figura 2.4 são iguais.

Figura 2.4 – Mercado formal e informal

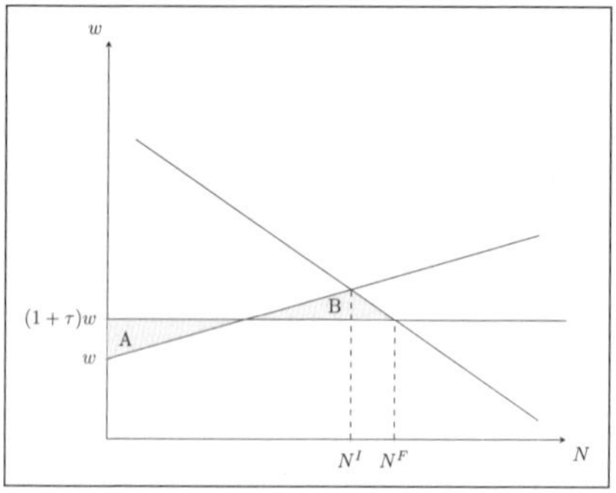

Fonte: Elaboração dos autores.

Note que as empresas do setor informal terão um número menor de trabalhadores e um A_i menor (ou seja, serão menos produtivas). Empresas no setor formal terão pelo menos N^F trabalhadores, enquanto empresas no setor informal terão no máximo N^I, e $N^F > N^I$.

Se t é pequeno, N^I é pequeno, há pouca informalidade na economia. Quanto maiores os impostos, maiores os incentivos à informalidade.

Vemos então que o setor formal e informal podem coexistir, e o setor formal terá empresas maiores e mais produtivas.

Tanto empresas no setor formal quanto empresas do setor informal contratam menos que contratariam se não houvesse o imposto. A distorção no setor informal é tanto maior quanto maior for A_i. Para valores maiores de A_i, que implicam valores maiores de N_i, a empresa ficará mais preocupada em contratar um trabalhador adicional porque isso aumentaria ainda mais os riscos de ser descoberta e punida.

No setor formal, a distorção é o conhecido peso morto da tributação. Se a empresa vai para o setor informal, o governo não recebe essa receita do imposto, então precisa tributar alguma outra atividade para sustentar o mesmo nível de gastos públicos. Então, para um dado nível de gastos do governo, a informalidade adiciona uma distorção por conta da necessidade de se esconder da lei, e empurra a distorção do imposto para outra atividade que precisa ser tributada para gerar a mesma receita.

2.3 Extensões

2.3.1 A escolha da tecnologia adotada

Até agora, tomamos a produtividade de cada empresa A_i como um dado. Contudo, é interessante tentar entender os efeitos do mercado de trabalho na escolha da empresa por processos produtivos. No modelo, isso se traduz na escolha por parte das empresas de A_i.

Digamos então que há na economia um grande número de empreendedores, cada um com um tipo θ_i. O custo para um empreendedor de adotar uma tecnologia A é dado por

$$c(A_i) = \frac{A_i^2}{2\theta_i}.$$

A ideia é que para empreendedores com um tipo θ_i mais alto é menos custoso escolher um nível tecnológico mais alto, e que quanto melhor a tecnologia, maior o custo marginal de melhorá-la. Se não fosse assim, empreendedores poderiam escolher um nível arbitrariamente alto de A_i, o que não faz sentido. Além disso, vamos assumir que a função de produção é dada por

$$f(N_i) = A_i N_i^{\alpha}, \text{ sendo } \alpha \in \left(0, \frac{1}{2}\right)$$

pois se $\alpha > 1/2$, os empresários também têm incentivos para escolher um valor arbitrariamente alto de A_i.

O problema de maximização no modelo básico (sem impostos) é agora dado por

$$L = A_i N_i^{\alpha} - wN_i - \frac{A_i^2}{2\theta_i}.$$

Da mesma maneira, o lucro para a empresa no setor formal é dado por:

$$L^F = A_i N_i^{\alpha} - w(1+t)N_i - \frac{A_i^2}{2\theta_i}$$

e no setor informal:

$$L^I = A_i N_i^{\alpha} - wN_i - \pi m N_i^2 - \frac{A_i^2}{2\theta_i}.$$

Agora, as empresas escolhem duas variáveis: A_i e N_i. Temos então duas condições de primeira ordem. Contudo, a condição de maximização com relação a A_i é a mesma nos três casos, e implica:

$$A_i = \theta_i N_i^{\alpha} \quad (2.4)$$

A condição de maximização com relação a N_i para cada caso é a mesma que anteriormente. Assim, substituindo esse valor de A_i nas equações 2.1, 2.2 e 2.3, e utilizando $f'(N) = \alpha N_i^{\alpha-1}$, obtemos as condições de maximização:

$$\begin{aligned} \text{Modelo básico} &: \theta_i \alpha N_i^{2\alpha-1} = w \\ \text{Setor formal} &: \theta_i \alpha N_i^{2\alpha-1} = w(1+t) \\ \text{Setor informal} &: \theta_i \alpha N_i^{2\alpha-1} = w + 2\pi m N_i \,. \end{aligned}$$

Sendo $\alpha < 1/2$, o lado direito das equações é decrescente em N_i e a análise é semelhante à da seção 2.2.

O ponto que surge dessa análise é que a distorção afeta não apenas o mercado de trabalho mas também a adoção de tecnologias. A equação 2.4 mostra que A_i é uma função crescente de N_i. Sendo N_i menor por conta das distorções, A_i também o será. A ideia é que o desestímulo a contratação de trabalhadores faz com que os empreendedores tenham menos incentivos para investir em tecnologias mais produtivas.

2.3.2 *Benefícios de trabalhar no setor formal*

Quem trabalha no setor formal recebe alguns benefícios que os trabalhadores do setor informal não recebem. Além dos benefícios que podem ser considerados salário (como o adicional de férias e o 13º), trabalhadores do setor formal têm direito a aposentadoria, podem ter melhor acesso a crédito etc. Isso significaria que um trabalhador no setor informal requereria um salário maior, de $w(1+x)$. Isso modificaria os lucros da empresa do setor informal para

$$L^I = A_i f(N_i) - w(1+x)N_i - \pi m N_i^2$$

e a condição de máximo ficaria então

$$A_i f'(N_i) = w(1+x) + 2\pi m N_i \,.$$

Vamos definir $W = w(1 + x)$. Essa condição pode então ser escrita como

$$A_i f'(N_i) = W + 2\pi m N_i$$

e a condição de máximo para o setor formal (equação 2.2) pode ser escrita como:

$$A_i f'(N_i) = W \frac{1+t}{1+x} = W(1+\tau)\,.$$

Essas fórmulas são as mesmas das equações 2.2 e 2.3, com W e τ no lugar de w e t. Esse resultado mostra que a análise fica inalterada se consideramos que o salário no setor formal é de fato $w(1 + x)$ e que a taxa efetiva no setor formal é

$$\tau = \frac{1+t}{1+x} - 1 = \frac{t-x}{1+x}\,.$$

A conclusão é que os incentivos para a informalidade não dependem dos custos (t), mas da diferença entre os custos pagos pela empresa (t) e os benefícios recebidos pelo trabalhador (x).

2.4 Conclusões

Todos sabemos que impostos podem distorcer as decisões das pessoas, mas sabemos também que a receita proveniente dos impostos é fundamental para o bom funcionamento de um país. Assim, as distorções geradas pelos impostos podem ser vistas como um custo necessário para o bom funcionamento da sociedade — ainda que a discussão sobre o nível e a incidência dos impostos seja muito importante.

Por outro lado, as distorções do setor informal não geram receita para os cofres públicos e, portanto, são custos sem benefícios. O próximo tópico aprofunda essa discussão.

Como não poderia deixar de ser, informalidade é um tema muito pesquisado pelos economistas. Neste capítulo, estudamos apenas alguns aspectos sobre o tema. Não falamos, por exemplo, das diferenças nos riscos de grandes variações de renda em trabalhos formais e informais (ver, por exemplo, Gomes et al, 2020). Nem discutimos como um grande setor informal afeta programas sociais (ver, por exemplo, Gerard e Gonzaga, 2021). Se quiser se aprofundar no assunto, recomendamos começar por Ulyssea (2020).

2.5 Questões para discussão

Alguns aspectos ficaram fora de nossa análise. Busque incorporá-los no modelo e veja se surgem *insights* interessantes:

1. As empresas podem escolher formas custosas de se esconder das leis: por exemplo, podem evitar anunciar seus produtos ou suas atividades, seus donos podem montar algumas empresas pequenas ao invés de uma grande ainda que isso implique perda de eficiência etc. Isso pode ser interpretado como uma redução na probabilidade de a empresa ser punida π à custa

de uma queda na produtividade A_i. Como isso ficaria no modelo?

2. Trabalhadores são heterogêneos, têm produtividades diferentes. O que isso pode modificar?

3. Suponha que uma lei estipule um salário mínimo que seja maior que o salário de equilíbrio no setor formal.[a] Qual o efeito na informalidade? Mostre com o auxílio de um gráfico e discuta.

4. A forma da função de produção das empresas (f) pode ser diferente. Assim, mesmo em um mundo com trabalhadores idênticos, pode haver grande variação no número de trabalhadores de firmas no setor informal. Discuta.

[a] É possível que essa política afete as decisões dos empresários do setor informal, por exemplo, se contratar trabalhadores por salários menores que o mínimo criar uma chance de punição na Justiça. Ainda assim, essa lei será muito mais importante no setor formal, onde a lei de fato impede que o salário seja menor que o mínimo.

Referências

BARGAIN, O.; KWENDA, P. Is informality bad? Evidence from Brazil, Mexico and South Africa. *IZA Discussion Papers 4711*, Institute for the Study of Labor (IZA), 2010.

DICKENS, W.; LANG, K. A test of the dual labor market theory. *American Economic Review*, v. 75, n. 4, p.792-805, 1985.

FIELDS, G. S. Rural-urban migration, urban unemployment and underemployment, and job search activity in LDCs. *Journal of Development Economics*, v. 2, p. 165-187, 1975.

GERARD, F.; GONZAGA, G. Informal Labor and the Efficient Cost of Social Programs: Evidence from the Brazilian Unemployment Insurance Program. *American Economic Journal*: Economic Policy v. 13, p. 167-206, 2021.

GOMES, D.; IACHAN, F.; SANTOS, C. Labor Earnings Dynamics in a Developing Economy with a Large Informal Sector, *Journal of Economic Dynamics and Control* v. 113, 2020.

PONCZEK, V. P.; BOTELHO, F. Segmentation in the Brazilian labor market. *Economic Development and Cultural Change*, v. 59, p. 437-463, 2011.

ULYSSEA, G. Informality: Causes and Consequences for Development. *Annual Review of Economics*, v. 12, 2020.

3

Sonegação fiscal

UMA das figuras mais lendárias na história do crime é, sem dúvida, Al Capone (1899-1947). Nascido Alphonsus Gabriel Capone, no bairro do Brooklin, em Nova York, o filho de imigrantes italianos foi um criminoso de carreira, ocupando postos de crescente destaque no crime organizado de Nova York e Chicago. Ao longo dos anos 1920, aproveitando-se do seu talento, influência e das oportunidades de negócios geradas pelo proibicionismo da Lei Seca (1920–33),[5] Capone, também conhecido como Scarface, eliminou seus oponentes e assumiu o comando do maior império do crime na Era dos Gangsters.[6]

Entre as atividades cujo comando lhe era creditado incluem-se: informantes, redes clandestinas de contrabando, casas de jogo, bordéis, bancas de aposta, bares, clubes noturnos, destilarias e cervejarias. Empregava crueldade, intimidação e suborno como artifícios para corromper e subornar policiais, funcionários públicos, jornalistas e políticos. Aos 31 anos, com uma renda anual estimada em torno de US$ 100 milhões,[7] Capone estampava a capa da *Time Magazine*,[8] ao lado de Albert Einstein

---

[5] Durante o período, foram consideradas ilegais atividades de venda, fabricação e transporte de bebidas alcóolicas para consumo em território americano (com algumas exceções: o vinagre, a sidra, o vinho para a missa e o álcool consagrado a usos clínicos).

[6] Disponível em: https://bit.ly/4619cdt. Acesso em: 19 maio 2023.

[7] Disponível em: https://bit.ly/3te1hL1. Acesso em: 19 maio 2023.

[8] Disponível em: https://bit.ly/3Puc9vS. Acesso em: 3 jul. 2013.

e Mahatma Gandhi. Do Bureau of Investigation (mais tarde, FBI), recebia o título de Inimigo Público Nº 1.[9]

Apesar da participação direta ou indireta em diversos crimes, incluindo formação de quadrilha, corrupção ativa, contrabando, assalto a banco e homicídio (notabilizado pelo episódio do Massacre do dia de São Valentim, em 1929), Capone nunca foi responsabilizado por esses crime, servindo-se do seu poder econômico, de táticas de intimidação, da "lei do silêncio" e de álibis para livrar-se das investigações e das sentenças judiciais.

Além de empregar táticas diversas para encobrir a renda de suas atividades, como a "lavagem de dinheiro" (*money laundry*),[10] Capone não assinava cheques, recibos e não mantinha contas em bancos. Seu patrimônio (que incluía uma mansão em Palm Island, na Flórida), aliado a uma rotina diária de extravagâncias, que incluía festas, joias caras, carros e limusines, entretanto, acabou por chamar a atenção das autoridades e dos investigadores americanos.[11] Com auxílio de algumas testemunhas (ex-funcionários) e de evidências capturadas em operações policiais, Capone foi finalmente indiciado e sentenciado, em 1931, por fraude e sonegação fiscal.[12] Dois anos mais

[9] Disponível em: https://bit.ly/3LAynes. Acesso em: 3 jul. 2013.

[10] Por sugestão de seu contador, Meyer Lansky, Capone teria iniciado uma cadeia de lavanderias (Sanitary Cleaning Shops), com objetivo de misturar dinheiro lícito e ilícito em um ciclo de transações para, ao fim, obter somente dinheiro "limpo" com uma fachada legal. Lansky também teria sido pioneiro no uso de casinos (Las Vegas) para lavagem de dinheiro e do uso da rotas internacionais, com paraísos *offshore* (Cuba).

[11] Disponível em: https://bit.ly/48rAI5c. Acesso em: 3 jul. 2013.

[12] O gângster foi condenado a 11 anos de prisão federal, multa de US$ 50.000 e US$ 7.692 cobrados por despesas judiciais, além de US$ 215 mil dólares acrescidos de juros devidos em impostos atrasados.

tarde, a Lei Seca seria finalmente abolida nos EUA, desarticulando um dos negócios mais rentáveis da sua história.

Apesar da atenção gerada por episódios de grande exposição e de grandes cifras, como o de Capone, os problemas ligados a atividades clandestinas e à informalidade são nossos velhos conhecidos: na prática, nascem com a primeira ação disciplinadora sob a ordem econômica. Por esta razão, a despeito da sua natureza "oculta", vestígios da economia informal (ou *shadow economy*, como é conhecida entre os economistas) podem ser encontrados, em maior ou menor grau, nos interstícios dos tecidos de qualquer economia organizada.

Apesar de lhe serem atribuídas diversas causas, é possível pensar quatro categorias de distorções que ampliam a participação da *shadow economy* nas economias:[13]

1. Tributação;
2. Leis e regulações (incluindo, por exemplo, leis trabalhistas, de defesa do consumidor, ambientais, e aspectos burocráticos);
3. Proibições (uma categoria especial, extrema, de regulação);
4. Corrupção.

Em geral, todas estas intervenções restringem, confiscam ou eliminam recursos que, de outra forma, teriam livre trânsito entre os agentes da economia, gerando distorções alocativas.

Sob a ótica do indivíduo, além da comparação entre os benefícios esperados de atuar "na sombra" ou na formalidade, há a percepção do risco vinculado à ameaça de ser "descoberto" e punido pelas autoridades pela evasão

---

[13] Veja o artigo de Vito Tanzi, disponível em: https://bit.ly/3RzCf3g. Acesso em: 19 maio 2023.

fiscal (exemplo: malha fina). Esse risco tende a ser tanto maior quanto os ganhos associados à atividade. Já na perspectiva do Estado, a clandestinidade implica uma parcela da produção, da renda e do fluxo de bens e serviços que não é declarada e, assim, submetida à fiscalização e/ou à tributação. Há, portanto, um interesse particular de *enforcement* (arrecadatório, senão policial) em garantir que as atividades informais sejam encerradas ou incorporadas à economia formal, o que pode exigir dispêndio adicional, seja para fornecer condições para formalização, seja para fiscalizar e punir a evasão fiscal.

A economia informal é difícil de ser mensurada e pesquisada: além da indisponibilidade de dados oficiais, os agentes que se enquadram na informalidade não podem ou não desejam ser identificados em nenhuma hipótese. Com efeito, os indicadores calculados podem estar incorretos ou viesados, potencialmente levando a decisões de políticas públicas equivocadas. A maioria dos trabalhos adota como base uma das metodologias seguintes:[14]

1. Procedimentos diretos, como pesquisas amostrais (*surveys*), com objetivo de mensurar o tamanho da economia informal em um particular ponto no tempo;

2. Procedimentos indiretos, com base em dados agregados, indicadores macroeconômicos (como a demanda por moeda, a renda nacional etc.), com o intuito de estimar a evolução da *shadow economy* ao longo do tempo;

[14] Ver, por exemplo, http://ideas.repec.org/p/iza/izadps/dp6423.html. Acesso em: 03 jul. 2013.

3. Modelos econométricos que empregam ferramentas estatísticas para estimar a economia informal como uma "variável não observada" ou como resíduo.

Embora não sejam facilmente comparáveis, a maioria dos estudos relata que o problema da informalidade e da evasão fiscal é extensivo e difuso nas economias, atingindo patamares entre 5% e 25% da arrecadação tributária potencial, dependendo da técnica adotada e do país. A maioria dos trabalhos identifica também que o nível de desenvolvimento é uma importante *proxy* para o tamanho da informalidade nos países, partindo do pressuposto de que países mais desenvolvidos apresentam mercados relativamente mais maduros e livres, instituições mais sólidas, maior respeito à lei (*rule of law*), são menos desiguais em termos socioeconômicos e mais rigorosos em termos de fiscalização e *enforcement*.

As figuras 3.1 e 3.2 mostram o tamanho da economia informal em relação ao PIB de diversos países entre 1999 e 2007 (Schneider, Buehn e Montenegro, 2010).[15] Apesar de relativamente antigos, os dados ilustram, por um lado, que de fato a informalidade está presente em todos os países selecionados. Por outro lado, a diferença entre as economias em desenvolvimento e as economias desenvolvidas é bastante grande.

A participação média ponderada da *shadow economy* é estimada em torno de 17% do PIB mundial. Em países como Bolívia, Geórgia, Panamá, Zimbábue e Peru, a informalidade pode alcançar patamares proporcionais a

---

[15] Ver Schneider, Friedrich, Buehn, Andreas and Montenegro, Claudio E.(2010) "New Estimates for the Shadow Economies all over the World", International Economic Journal, 24: 4, 443-461. Disponível em: https://bit.ly/455pel1. Acesso em: 03 jul. 2013.

60% do PIB, enquanto em países como Reino Unido, Estados Unidos, Luxemburgo e Áustria, a parcela informal seria inferior a 10%. Para o Brasil, a informalidade tem apresentado trajetória declinante no período, atingindo 36,6% do PIB em 2007. O valor médio no período foi de 39% do PIB.

Figura 3.1 – Participação da *shadow economy*

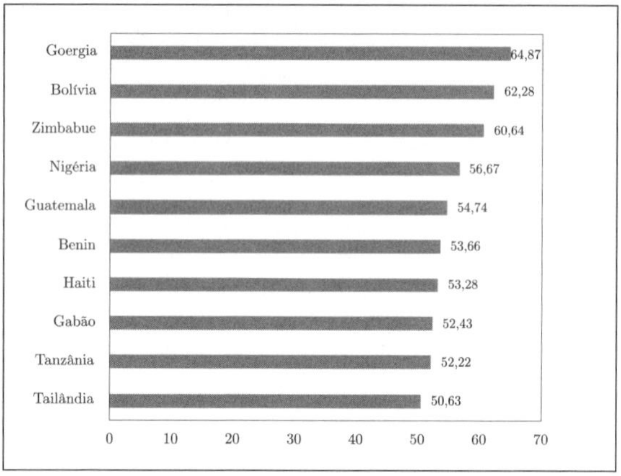

Fonte: Schneider e Medina (2018).

Figura 3.2 – Participação da *shadow economy*

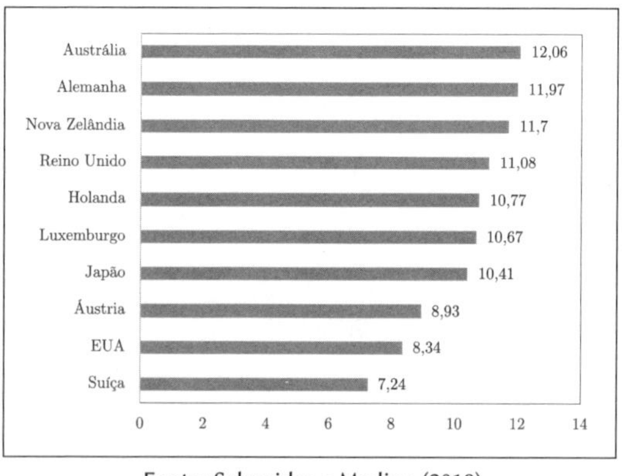

Fonte: Schneider e Medina (2018).

Figura 3.3 – Informalidade média

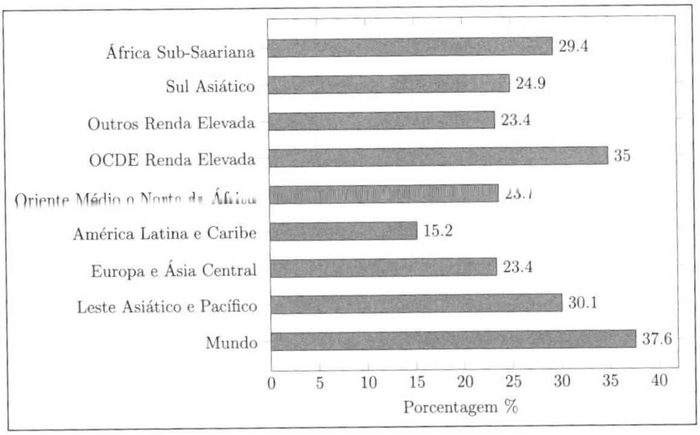

Fonte: Elaboração dos autores.

Figura 3.4 – Informalidade média

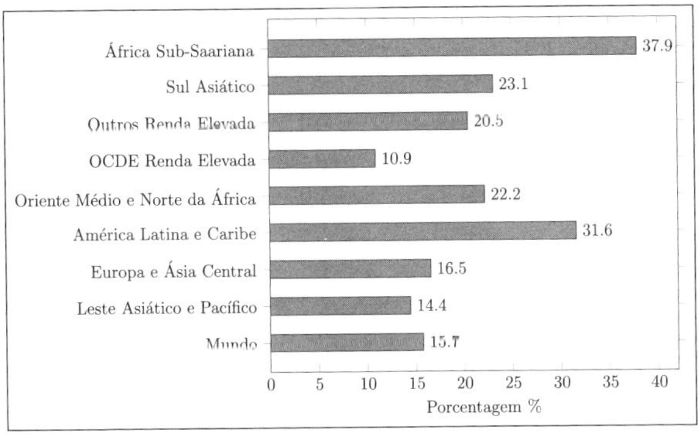

Fonte: Elaboração dos autores.

Segundo estudo recentemente publicado pelo Sindicato dos Procuradores da Fazenda Nacional (Sinprofaz), a sonegação de impostos, taxas e contribuições custa ao Brasil entre 8,4% e 10% do seu Produto Interno Bruto (PIB).[16] O sindicato aponta a elevada carga tributária

[16] Disponível em: http://www.sonegometro.com/artigos/sonegacao-no-brasil-uma-estimativa-do-desvio-da-arrecadacao. Acesso em: 19 maio 2023.

como o fator preponderante do desvio da arrecadação, e a arrecadação poderia se expandir em 23,9% caso eliminada. Na Europa, levantamento da Comissão Europeia dá vazão a perdas com evasão fiscal da ordem de 20% do PIB europeu (cerca de US$ 1,3 bilhão).[17]

Figura 3.5 – Participação do setor informal no Brasil

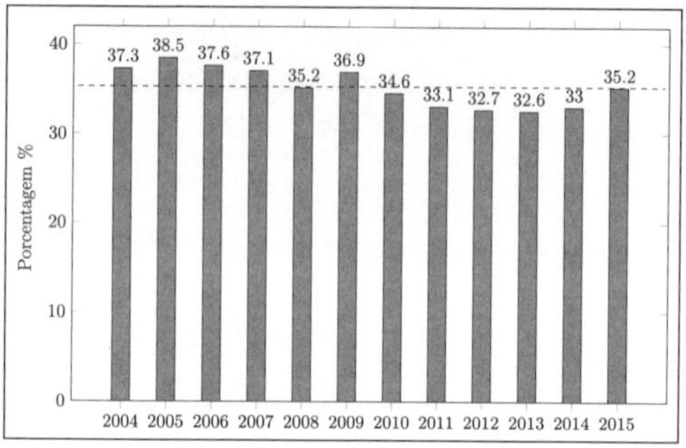

Fonte: Elaboração dos autores.

Vamos então propor um modelo para pensar nos efeitos da sonegação fiscal na economia como um todo.

3.1 Modelo básico

Há N empresas na economia, cada empresa i tem uma função de lucro

$$y_i - \frac{\gamma}{2} y_i^2$$

sendo y_i o valor do que é produzido, γ é um parâmetro da função quadrática de custos.

A condição de maximização de lucro é dada por

$$1 - \gamma y_i = 0$$

[17] Disponível em: http://www.ibtimes.com/heres-snapshot-how-european-parliament-sees-scope-tax-evasion-among-residents-27-member-states. Acesso em: 03 jul. 2013.

e, portanto, toda empresa i produz

$$y = \frac{1}{\gamma}.$$

Uma vez que temos N empresas, a produção total da economia é dada por:

$$Y = \frac{N}{\gamma}.$$

3.1.1 *Imposto sobre a renda*

Agora, vamos supor que haja uma taxa τ proporcional ao faturamento. O lucro passa a ser dado por

$$(1-\tau)y_i - \frac{\gamma}{2}y_i^2$$

e a produção que maximiza o lucro agora é

$$y = \frac{1-\tau}{\gamma}.$$

Ou seja, na presença de tributação, cada empresa produz τ/γ menos que antes. Como há N empresas na economia, a redução na produção total decorrente do imposto é

$$\ell = \frac{N\tau}{\gamma}.$$

A produção é $N\tau/\gamma$ menor do que seria se não houvesse o imposto.

3.1.2 As contas do governo

O governo arrecada τ vezes a produção total da economia. Assim, a arrecadação fruto deste imposto é:

$$A = \tau \frac{N(1-\tau)}{\gamma}.$$

A arrecadação total do governo é igual aos gastos do governo G. Assim, G é dado por

$$G = A = \tau \frac{N(1-\tau)}{\gamma}.$$

Note que a taxa de imposto que maximiza a arrecadação do governo é menor que $\tau = 1$, pois as pessoas têm menos incentivos para produzir se os impostos são mais altos. Seja τ^* a alíquota que maximiza a arrecadação e, consequentemente, os gastos. Neste exemplo, maximizando a função G, obtemos $\tau^* = \frac{1}{2}$. Ao fazermos o gráfico da arrecadação como função de τ, temos a curva de Laffer.

Figura 3.6 – Curva de Laffer

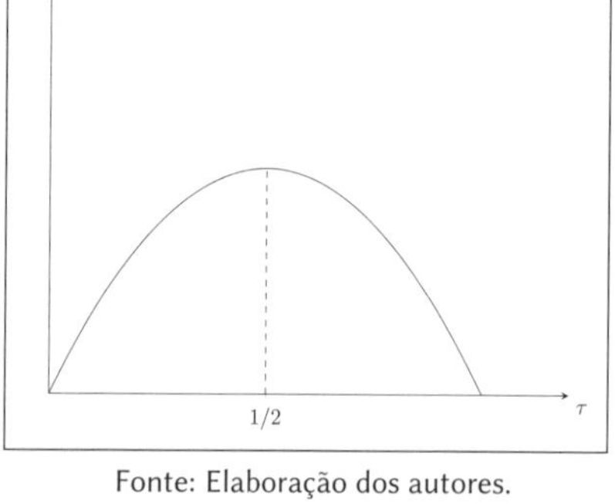

Fonte: Elaboração dos autores.

Repare que, para $\tau < 1/2$, um aumento na alíquota do imposto aumenta a arrecadação do governo. Entretanto, esse aumento é cada vez menor, por conta do aumento nas distorções provenientes do imposto. Para $\tau > 1/2$, um aumento na alíquota do imposto reduz a arrecadação do governo. O valor $\tau' = 1/2$ depende das formas funcionais empregadas neste exemplo, mas a relação não monotônica entre a alíquota e a arrecadação é um fenômeno geral que se aplica em grande parte aos mais variados tipos de impostos.

3.1.3 A curva de Laffer

Segundo relato de Arthur Laffer (1940 –),[18] notável economista, o termo "curva de Laffer" foi empregado, pela primeira vez, por Jude Wanniski (1936-2005), então editor associado do *The Wall Street Journal*, no artigo "Taxes, revenues, and the 'Laffer curve", de 1978. A origem da curva (ou melhor, da homenagem) remonta a um jantar entre Laffer, Wanninski e dois ilustres convidados do governo federal (Donald Rumsfeld e Dick Cheney) em 1974. Na ocasião, Laffer contestava uma proposta de aumento de impostos do então presidente americano Gerald Ford, chamada "WIN" (Whip Inflation Now). Para ilustrar seu argumento, sacou uma caneta e esboçou sobre um guardanapo a famosa curva que seria, posteriormente, reproduzida e popularizada sob seu nome. Segundo o próprio Laffer, a ideia já fora encampada nos escritos de Ibn Khaldun, filósofo muçulmano do século XIV, e por John M. Keynes, entre outros.

[18] Disponível em: https://bit.ly/3LAafZs. Acesso em: 19 maio 2023.

A curva sugere uma lógica inescapável para se pensar os efeitos da tributação sobre a economia e sobre a arrecadação. No caso, a imposição de um tributo teria dois efeitos distintos sobre a economia: o primeiro, aritmético, liga um aumento na alíquota a um aumento direto e proporcional na arrecadação tributária (*ceteris paribus*); e um segundo, econômico, que considera os efeitos (incentivos e desincentivos) que a variação da alíquota traz ao nível de atividade econômica, isto é, sobre a expectativa de que o governo pode se apropriar de pouco ou mais da produção. Assim, por um lado, alíquotas muito altas podem estimular a redução da produção, a informalidade, a sonegação e a evasão fiscais, ou seja, uma queda na alíquota pode impactar positivamente o nível de arrecadação do governo, pois gera incentivos à expansão da produção, emprego e renda na economia, com ganhos na formalidade.

3.1.4 A sonegação

Suponha agora que apenas metade das empresas ($N/2$) pague o imposto, as outras consigam escapar. Suponha que o governo decida cobrar um imposto $T = 2\tau$ das empresas visando compensar essa perda de arrecadação. O que acontece?

Em termos de distorção, as empresas que pagam o imposto agora produzem

$$y = \frac{1 - 2\tau}{\gamma}.$$

Portanto, a redução na produção da economia é dada por

$$\ell = \frac{N}{2}\frac{2\tau}{\gamma} = \frac{N\tau}{\gamma},$$

que é a mesma que obtivemos anteriormente. A produção na economia cai pelo mesmo montante. A sonegação empurrou a perda de peso morto para outras empresas.

Em termos de arrecadação, o que acontece? Agora a arrecadação do governo é dada por

$$\frac{N}{2\gamma}2\tau\left(1-2\tau\right)=\frac{N}{\gamma}\tau\left(1-2\tau\right)<G.$$

A arrecadação é menor que antes. Por que a arrecadação é menor se a produção da economia é a mesma que anteriormente? Porque são justamente as empresas que pagam os impostos que têm a redução em sua produção por conta da maior alíquota.

Para uma mesma quantidade de gastos do governo, a sonegação de impostos concentra a carga tributária em um grupo menor. Como resultado, as distorções são ainda maiores, por conta da inclinação decrescente da curva de Lafer.

3.2 Modelo com firmas heterogêneas

Vamos supor que a heterogeneidade é proveniente da existência de diferentes estruturas de custo entre as firmas, ou seja, temos N firmas com γ_i sendo $i=1,...,N$. Assim, o problema das firmas é escolher o nível de produção que maximiza seu lucro, que é dado por:

$$y_i-\frac{\gamma_i y_i^2}{2}.$$

Resolvendo esse problema, sabemos que cada firma produz:

$$y_i=\frac{1}{\gamma_i}.$$

E a produção total da economia é:

$$Y = \sum_{i=1}^{N} \frac{1}{\gamma_i}.$$

3.2.1 Tributação e firmas honestas

Novamente, vamos supor que as firmas devem pagar um imposto sobre a renda cuja alíquota é τ. Assim, as firmas maximizam seu lucro que agora é dado por:

$$(1-\tau)y_i - \frac{\gamma_i y_i^2}{2}.$$

Resolvendo este problema, vemos que cada firma produz:

$$y_i = \frac{(1-\tau)}{\gamma_i}.$$

A produção total da economia é:

$$Y = (1-\tau)\sum_{i=1}^{N} \frac{1}{\gamma_i}.$$

A arrecadação é:

$$A = \tau(1-\tau)\sum_{i=1}^{N} \frac{1}{\gamma_i}.$$

E a perda de produto fruto do imposto é:

$$l = \tau\sum_{i=1}^{N} \frac{1}{\gamma_i}.$$

3.3 Tributação, firmas heterogêneas e sonegação

Agora as firmas podem escolher entre pagar o tributo sobre a renda (conforme vimos antes) ou sonegar impostos. Caso optem por sonegar, elas podem ser pegas e então devem pagar uma multa. Tanto a probabilidade de ser pega (π) quanto a multa (m) são proporcionais à produção.

Dessa forma, as firmas honestas têm um problema semelhante ao da seção anterior. Já as firmas que sonegam maximizam seu lucro que é dado por:

$$y_i - \frac{\gamma_i y_i^2}{2} - \pi m y_i^2 .$$

Ou seja, elas produzem:

$$y_i = \frac{1}{\gamma_i + 2\pi m} .$$

Chamaremos de formais as firmas que escolhem pagar o tributo e de informais as que decidem sonegar. Podemos calcular o lucro esperado de cada tipo de firma:

$$\pi^F = \frac{(1-\tau)^2}{2\gamma_i}$$

$$\pi^I = \frac{1}{2(\gamma_1 + 2\pi m)} .$$

A escolha de uma firma entre ser formal ou informal depende justamente dos lucros esperados de cada opção. Uma firma está indiferente se $\pi^F = \pi^I$. Por meio dessa igualdade podemos encontrar o γ_i^C que deixa as firmas indiferentes. Temos:

$$\gamma_i^C = \frac{2\pi m(1-\tau)^2}{(1-(1-\tau)^2)}.$$

Assim, se $\gamma_i < \gamma_i^C$ a firma opta por ser formal e se $\gamma_i > \gamma_i^C$ ela opta por ser informal.

Sabemos que cada tipo de firma iguala sua receita marginal ao seu custo marginal, de forma que: $RMg^F = CMg^F$ e $RMg^I = CMg^I$. Podemos rearranjar a equação das informais de forma a obter RMg^{I_l} e $CMg^{I_l} = CMg^F$, de modo que temos o seguinte gráfico:

Figura 3.7 – Formal ou informal?

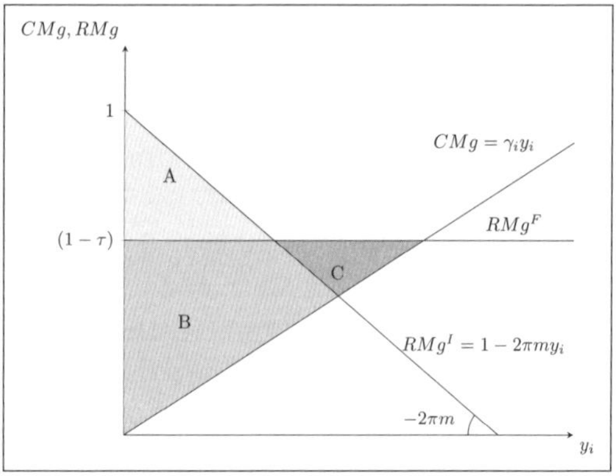

Fonte: Elaboração dos autores.

Repare que $\pi^F = B + C$ e $\pi^I = A + B$, de modo que uma firma é indiferente quando $A = C$.

Note que se m ou π aumentam, a curva RMg^{I_l} "gira" para a esquerda. Nesse caso, π^F não se altera, mas π^I diminui, havendo maior incentivo para ser formal.

Por outro lado, verificar qual é o efeito de mudanças em γ_i e τ sobre a formalização não é trivial. Assim, primeiro vamos verificar como γ_i^C se altera quando há alterações em π, m e τ:

$$\frac{\partial \gamma_i^C}{\partial \pi} = \frac{2m(1-\tau)^2}{(1-(1-\tau)^2)} > 0\,.$$

Ou seja, se aumenta a probabilidade de ser pego sonegando, haverá mais firmas formais:

$$\frac{\partial \gamma_i^C}{\partial m} = \frac{2\pi(1-\tau)^2}{(1-(1-\tau)^2)} > 0\,.$$

Ou seja, se aumenta a multa para quem é pego sonegando, haverá mais firmas formais:

$$\frac{\partial \gamma_i^C}{\partial \tau} = \frac{\pi m(1-\tau)}{\tau^2(1-\tau/2)^2} < 0\,.$$

Ou seja, se aumenta a alíquota do imposto, haverá mais firmas informais.

A produção total da economia agora é:

$$Y = Y^F + Y^I\,.$$

Em que:

$$Y^F = (1-\tau) \sum_{\gamma_i \leq \gamma_i^c} \frac{1}{\gamma_i}$$

$$Y^I = \sum_{\gamma_i > \gamma_i^c} \frac{1}{\gamma_i + 2\pi m}\,.$$

Note que agora a arrecadação do governo tem duas fontes: impostos pagos pelos formais e multas pagas pelos informais. Temos então:

$$A = A^F + A^I\,.$$

Em que:

$$A^F = \tau(1-\tau)\sum_{\gamma_i \leq \gamma_i^c} \frac{1}{\gamma_i}$$

$$A^I = \pi m \sum_{\gamma_i > \gamma_i^c} \frac{1}{\gamma_i + 2\pi m}.$$

Podemos verificar como A se altera quando modificamos τ. Intuitivamente sabemos que se τ aumenta A^F aumenta. Mas, ao mesmo tempo, o número de firmas formais cai, enquanto o de informais aumenta. Assim, podemos pensar que A^F deve cair e A^I aumentar. Podemos tentar verificar qual destes efeitos predomina. Sejam:

$$P^F(\tau, \pi, m) = \sum_{\gamma_i \leq \gamma_i^c} \frac{1}{\gamma_i}$$

$$P^I(\tau, \pi, m) = \sum_{\gamma_i > \gamma_i^c} \frac{1}{\gamma_i + 2\pi m}.$$

De forma que:

$$A = \tau(1-\tau)P^F(\tau, \pi, m) + \pi m P^I(\tau, \pi, m).$$

Já vimos antes que $\frac{\partial \gamma_i^C}{\partial \iota} < 0$. Assim, se τ aumenta γ_i^C diminui, de forma que a proporção de formais no total de firmas diminui. Com isso, a produção dos formais $P^F(\tau, \pi, m)$ diminui (uma vez que há menos firmas deste tipo no mercado e os γ_i delas são menores) e a produção dos informais $P^I(\tau, \pi, m)$ aumenta. Tomando a derivada de A em relação a τ, temos:

$$\frac{\partial A}{\partial \tau} = (1-2\tau)P^F(\tau, \pi, m) +$$

$$+\tau(1-\tau)\frac{\partial P^F(\tau,\pi,m)}{\partial\tau}+\pi m\frac{\partial P^I(\tau,\pi,m)}{\partial\tau}.$$

Não podemos dizer se $(1-2\tau)$ é positivo ou negativo. Isso faz com que não seja posível dizer se $\frac{\partial A}{\partial\tau}$ é positiva ou negativa. Tudo depende da magnitude do aumento de τ.

Do ponto de vista do governo, se ao aumentar τ de forma que apenas uma firma deixa de ser formal (tornando-se informal), esse aumento só compensa se o valor que deixa de arrecadar $(\frac{\tau(1-\tau)}{\gamma_i})$ é menor que o valor esperado do que passa a arrecadar $(\frac{\pi m}{\gamma_i+2\pi m})$, ou seja, se valer que $\frac{\pi m}{\gamma_i+2\pi m}>\frac{\tau(1-\tau)}{\gamma_i}$.

Repare que a perda total de produção na economia é igual a:

$$l=\sum_{\gamma_i\leq\gamma_i^c}\frac{\tau}{\gamma_i}+\sum_{\gamma_i>\gamma_i^c}\frac{2\pi m}{(\gamma_i+2\pi m)\gamma_i}.$$

Essa perda pode ser maior ou menor do que a que encontramos no caso anterior, dependendo dos valores de π, m e τ.

3.4 Conclusões

A sonegação fiscal não resolve o problema da distorção dos impostos, só empurra a distorção para outro lugar. Em um modelo onde todas as firmas são idênticas, isso acrescenta outra distorção. Mas por que algumas firmas sonegam e outras não? Qual a diferença entre as firmas que pagam e as que não pagam os impostos? A resposta a essa questão tem implicações relevantes.

3.5 Questões para discussão

1. Vamos considerar que as empresas pagam um custo para fugir do imposto.
   (a) Suponha que esse custo de escapar do imposto é heterogêneo, algumas firmas tem um custo maior, outras tem um custo menor. Alguma conclusão interessante?
   (b) Suponha que o custo de fugir do imposto seja o mesmo para todas as empresas, só que os impostos são mais distorcivos em uns setores que em outros. Alguma conclusão interessante?

Referências

SCHNEIDER, F.; BUEHN, A.; MONTENEGRO, C. New estimatives for the shadow economies all over the world. *International Economic Journal*, v. 24, n. 4, p. 443-461, 2010.

SCHNEIDER, ______; MEDINA, ______. Shadow economies around the world: what did we learn over the last 20 years? *IMF Working Paper*, 2018.

4

Simples

O Brasil é portador de um sistema tributário bastante oneroso. A carga tributária brasileira atingiu a marca de 32% do PIB em 2020 (era de 28% do PIB em 1990 e de 30% em 2000).[19] De acordo com a OCDE, o Brasil está entre os 25% de países com maiores cargas tributárias no mundo.[20]

Além de onerosa, o estrutura do sistema tributário brasileiro é pautada pela elevada complexidade. De acordo com estudos do Instituto Brasileiro de Planejamento Tributário (IBTP) são mais de 65 tipos diferentes de tributos, entre federais, estaduais e municipais. Desde a promulgação da Constituição Federal até 2020 foram promulgadas mais de 360 mil normas em matéria tributária para reger a vida fiscal dos cidadãos e empresas. Isso correponde a média 1,88 normas tributárias editadas por hora por dia útil.[21]

Empresas de pequeno porte sofrem bastante para lidar com os tributos. Segundo números do DataSebrae, micro e pequenas empresas respondem por 29,5% do PIB, 92,5% dos estabelecimentos formais, 44,4% da massa de salários das empresas e 54,2% do total de empregados formais.[22] O reconhecimento do papel e da fragilidade dessas empresas está previsto na Constituição Federal de

---

19 Disponível em: https://bit.ly/46j6Mq0. Acesso em: 19 maio 2023.

20 Disponível em: https://bit.ly/48EcmFI. Acesso em: 19 maio 2023.

21 Disponível em: https://bit.ly/3rtb6Va. Acesso em: 19 maio 2023.

22 Disponivel em: https://bit.ly/46mAiv3. Acesso em: 19 maio 2023. O percentual do PIB das pequenas e micro empresas é para o ano

1988 (art. 179), que dispõe que os entes federativos buscarão formas de dispensar tratamento jurídico especial a empresas de pequeno porte, com vistas a incentivá-las pela simplificação ou eliminação de suas obrigações administrativas, tributárias, previdenciárias e creditícias. Desde então, vários esforços foram feitos no sentido de garantir oportunidades para que essas empresas sejam fortalecidas, como o Simples Federal (Lei nº 9.317/1996) e o do anterior Estatuto da Microempresa e da Empresa de Pequeno Porte (Lei nº 9.841/1999).

Instituído pela Lei Geral da Micro e Pequena Empresa, o Simples Nacional (Regime Especial Unificado de Arrecadação de Tributos e Contribuições devidos pelas Microempresas e Empresas de Pequeno Porte), ou Supersimples, é um regime de arrecadação tributária diferenciado, simplificado e facultativo, que unifica a contribuição de oito impostos e contribuições dos entes federados. O privilégio é elegível a empresas que se enquadram no perfil de Microempresas (com faturamento anual de até R$ 360 mil por ano) e Empresas de Pequeno Porte (com faturamento entre R$ 360 mil e R$ 4,8 milhões).[23]

Além de unificar e simplificar o recolhimento de tributos, a adesão ao Simples Nacional traz outros benefícios, incluindo: preferência em licitações e compras pú-

---

de 2017 enquanto que o percentual de estabelecimentos formais, massa de salários e empregados formais é para o ano de 2018.

[23] Lei Complementar nº 123, de 14 de dezembro de 2006. O Simples Nacional congrega: Imposto de Renda Pessoa Jurídica (IRPJ), Contribuição Social sobre o Lucro Líquido (CSLL), Programa de Integração Social (PIS), Contribuição para o Financiamento da Seguridade Social (Cofins), contribuição patronal para o Instituto Nacional do Seguro Social (INSS) e o Imposto sobre Produtos Industrializados (IPI), devidos à União; o Imposto sobre Circulação de Mercadorias e Serviços (ICMS) devido aos estados e o Imposto sobre Serviços (ISS) devido aos municípios.

blicas, isenção tributária para exportações, desconto dos tributos pagos antecipadamente por substituição tributária e do ISS retido na fonte, redução das obrigações fiscais acessórias exigidas das empresas elegíveis. Prevê-se, ainda, a desburocratização de questões não relacionadas com a tributação, como maior facilidade para acesso a linhas especiais de crédito e a novas tecnologias, incentivos especiais para fomento das exportações e tratamento diferenciado nas licitações para fornecimento de bens e serviços aos órgãos públicos.

Segundo a Receita Federal, os optantes pelo Simples Nacional totalizavam 19,3 milhões de empreendimentos em dezembro de 2021, entre microempreendedores (13,3 milhões), e microempresas e pequenas empresas (6,0 milhões).[24] Do ponto de vista da receita do governo, o *website* do Simples Nacional informa que, em 2021, a arrecadação de tributos totalizou R$ 128,3 bilhões, distribuídos entre união (76,5%), estados (13,5%) e municípios (10,0%).[25]

Muitos aplaudem os benefícios às micro e pequenas empresas conferidos pelo Simples. Outros se preocupam com distorções que o sistema pode estar gerando. Seria possível melhorar o desenho do sistema? Como podemos entender a decisão de produção das empresas ante aos limites do Simples?

4.1 Modelo básico

A curva de custos de cada empresa se comporta como na figura 4.1: a curva de custo marginal é crescente, mas há um custo fixo, que faz com que o custo médio seja

[24] Disponível em: https://bit.ly/453KwQ3. Acesso em: 19 maio 2023.
[25] Disponível em: https://bit.ly/46qFrSU. Acesso em: 19 maio 2023.

decrescente na quantidade produzida até um certo ponto, e crescente a partir daí.

Figura 4.1 – Quantidade eficiente de produção

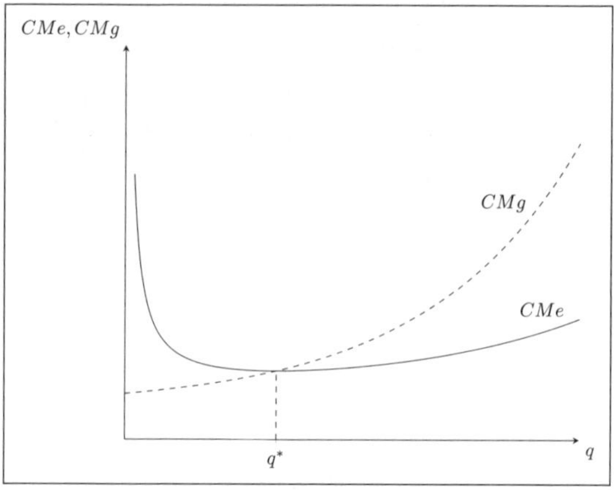

Fonte: Elaboração dos autores.

Em um mercado de competição perfeita, o equilíbrio de longo prazo se dá no ponto onde o custo médio é mínimo. A escala eficiente é obtida no ponto em que o custo unitário é menor, e o número de empresas se ajusta para que a quantidade desejada pelos compradores seja produzida.

4.1.1 O efeito de um imposto

Digamos que haja um imposto que incida sobre a produção. Para simplificar, consideremos que o imposto é de t reais por unidade produzida. Teremos então um aumento no custo marginal, mas não no custo fixo. Isso reduz um pouco a escala ótima. Intuitivamente, o custo fixo passa a ser menos importante se o custo marginal é maior.

4.1.2 O Simples

O Simples funciona de um modo diferente: o imposto é maior se a quantidade produzida ultrapassa um limite, que chamaremos de q^*. Assim, a curva de custo médio se desloca para cima a partir do ponto q^*. Essa descontinuidade tem um efeito parecido com um custo fixo que deve ser pago quando a quantidade produzida ultrapassa q^*.

Há então três casos a se considerar:

Caso 1: A escala ótima é muito pequena

Se a escala ótima é muito pequena, o Simples não causa distorções, como mostra a figura 4.2. Esse é o caso, por exemplo, de um barzinho em um bairro afastado.

Figura 4.2 – Escala ótima pequena

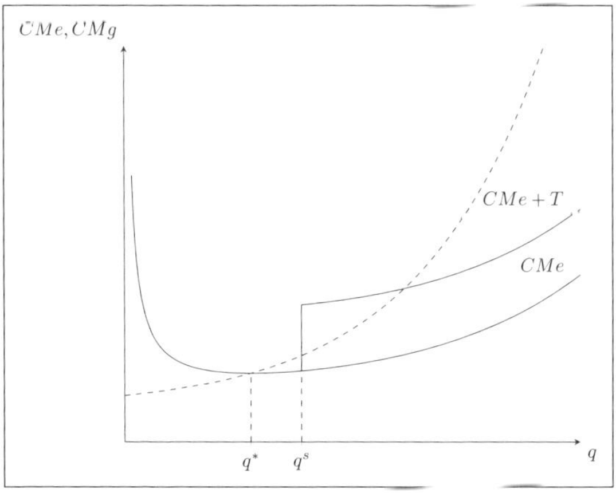

Fonte: Elaboração dos autores.

Caso 2: A escala ótima é muito grande

Se a escala ótima é grande, o Simples não causa distorções, como mostra a figura 4.3. Esse é o caso de médias e grandes empresas (a Coca-Cola não vai ficar menor para se adequar ao Simples).

Figura 4.3 – Escala ótima grande

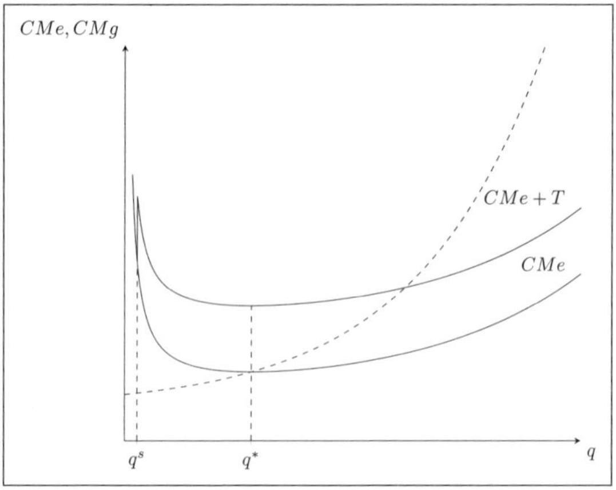

Fonte: Elaboração dos autores.

Caso 3: A escala ótima é intermediária

Nesses casos, o Simples pode distorcer a quantidade produzida, como ilustra a figura 4.4. Por exemplo, considere uma pizzaria que está indo bem e o empresário gostaria de expandir, montar uma pequena rede de pizzarias. Por conta do Simples, pode ser mais eficiente produzir menos, a um custo médio maior, mas escapar do aumento do imposto causado pelo Simples. Isso gera uma perda de bem-estar na economia: todos estaríamos melhor se a empresa produzisse na escala ótima. Concretamente, o Simples acaba incentivando pequenos empreendedores a permanecer pequenos.

Figura 4.4 – Escala ótima intermediária

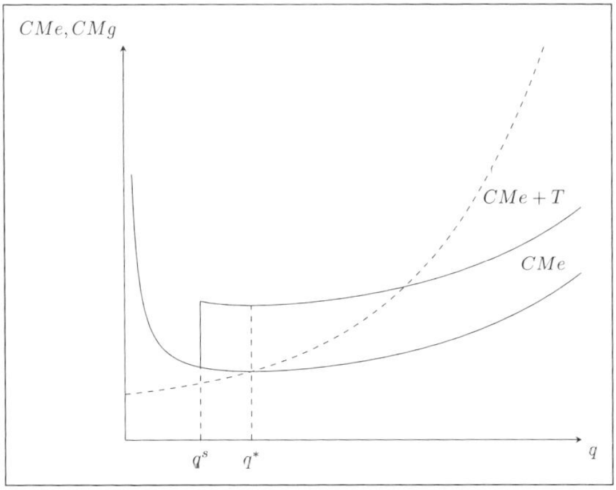

Fonte: Elaboração dos autores.

4.2 O Simples e a formalização

A existência do Simples pode afetar a decisão das empresas quanto à formalização.

4.2.1 Formal ou informal sem o Simples

Primeiro vamos retomar a discussão da formalização sem a presença do Simples. Nesse caso, as empresas formais pagam um imposto sobre a produção cuja alíquota é τ. Já as empresas informais não pagam imposto sobre a produção, mas podem ser pegas com probabilidade π e, caso isso ocorra, são obrigadas a pagar uma multa m (tanto a probabilidade de ser pega quanto a multa são proporcionais ao tamanho da produção y_i).

As empresas formais maximizam seu lucro escolhendo o nível de produção y_i^F. Sabemos que o lucro delas é dado por:

$$py_i - \frac{y_i^2\delta_i}{2} - \tau p y_i\,.$$

Resolvendo, temos a seguinte condição de primeira ordem:

$$\underbrace{p}_{Rmg} - \underbrace{(\tau p + \delta_i y_i^F)}_{Cmg} = 0\,.$$

As empresas informais também maximizam seu lucro escolhendo a produção y_i^I. O lucro delas é dado por:

$$py_i - \frac{y_i^2\delta_i}{2} - \pi m y_i^2\,.$$

Resolvendo esse problema, temos a seguinte condição de primeira ordem:

$$\underbrace{p}_{Rmg} - \underbrace{(y_i^I\delta_i + 2\pi m y_i^I)}_{Cmg} = 0\,.$$

A escolha da empresa entre ser formal ou informal depende de δ_i. Podemos definir qual é o δ_i^* que faz com que as empresas fiquem indiferentes entre serem formais ou informais substituindo as duas condições de primeira ordem na função de lucro e igualando-as. Temos:

$$\tfrac{1-\tau}{\delta_i}p^2 - \tfrac{\delta_i}{2}\left(\tfrac{1-\tau}{\delta_i}p\right)^2 - \tau\tfrac{1-\tau}{\delta_i}p^2 =$$
$$\tfrac{1}{\delta_i+2\pi m}p^2 - \tfrac{\delta_i}{2}\left(\tfrac{1}{\delta_i+2\pi m}p\right)^2 - \pi m\left(\tfrac{1}{\delta_i+2\pi m}p\right)^2\,.$$

Resolvendo, chegamos em:

$$\delta_i^* = \frac{2\pi m(1-\tau)^2}{\tau(2-\tau)}\,.$$

Assim, se $\delta_i \leq \delta_i^*$, a empresa escolhe ser formal, já que o lucro auferido dessa maneira (correspondente à soma das áreas B e C da figura 4.5) é maior do que se ficasse na informalidade (correspondente à soma das áreas A e B da mesma figura).

Figura 4.5 – Escolha formal informal

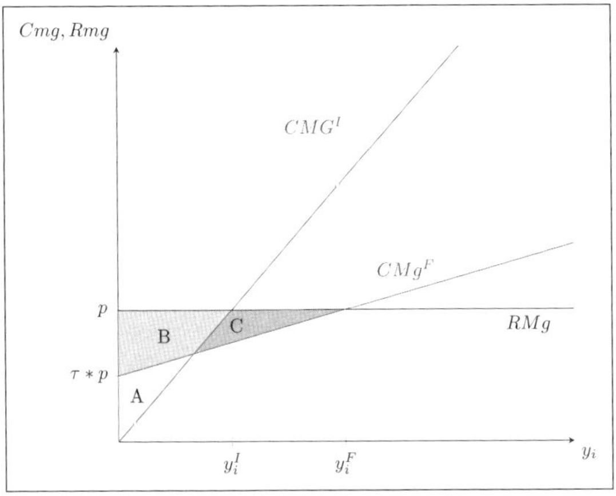

Fonte: Elaboração dos autores.

Por outro lado, se $\delta_i > \delta_i^*$, ela prefere ser informal, já que seu lucro nesse caso (soma das áreas A e B da figura 4.5) é maior que o associado a ser formal (soma das áreas B e C da mesma figura).

4.2.2 Formal ou informal com o Simples

Agora vamos verificar qual é o efeito da inclusão do Simples sobre a escolha das empresas. Para isso, vamos estabelecer que, caso o valor da produção de uma empresa seja tal que $py_i > py_i^\tau$, ela paga py_i, mas se $py_i \leq py_i^\tau$ ela não paga nada.

Note que agora as firmas têm três opções: ser formal e estar no regime regular de imposto, ser formal e estar no regime Simples ou ser informal.

Problema das empresas formais no regime regular

Estas empresas maximizam seu lucro escolhendo y_i^{FR}:

$$py_i - \frac{y_i^2 \delta_i}{2} - \tau p y_i \,.$$

Como já vimos, temos a seguinte condição de primeira ordem:

$$\underbrace{p}_{Rmg} - \underbrace{(\tau p + \delta_i y_i^F)}_{Cmg} = 0 \,.$$

Problema das empresas formais no regime Simples

Considere agora que uma empresa que se adeque ao regime Simples tenha uma alíquota de imposto $\tau^S < \tau$. Essas empresas maximizam seu lucro escolhendo y_i^{FS}:

$$py_i - \frac{y_i^2 \delta_i}{2} - \tau^S p y_i \,.$$

Neste caso, temos a seguinte condição de primeira ordem:

$$\underbrace{p}_{Rmg} - \underbrace{(\tau^s p + \delta_i y_i^F)}_{Cmg} = 0 \,.$$

Contudo, y_i^{FS} precisa ser inferior a um limite imposto pelo regime Simples ($\bar{y}_S$).

Como vimos na seção 4.1.2, o limite imposto pelo Simples pode distorcer o tamanho das empresas, fazendo com que elas evitem crescer além do limite que dá acesso ao Simples.

Para que o sistema cause distorções, precisamos que a quantidade ótima para produzir sem o simples seja superior a $\bar{y}_S$, mas que o lucro de produzir $\bar{y}_S$ seja superior ao de produzir y_i^{FR}, ou seja,

$$y_i^{FR} > \bar{y}_S \implies \delta_i < \frac{1-\tau}{\bar{y}_S} p$$

$$p\bar{y}_S - \frac{\delta_i}{2}\bar{y}_S^2 - \tau^S p\bar{y}_S > py_i^{FR} - \frac{\delta_i}{2}(y_i^{FR})^2 - \tau p y_i^{FR}$$

$$\implies \delta_i > \frac{(1-\tau^S) - \sqrt{(1-\tau^S)^2 - (1-\tau)^2}}{\bar{y}_S} p \, .$$

Assim, temos que o Simples causa distorções se

$$\frac{(1-\tau^S) - \sqrt{(1-\tau^S)^2 - (1-\tau)^2}}{\bar{y}_S} p < \delta_i < \frac{1-\tau}{\bar{y}_S} p \, .$$

Contudo, o Simples agora opera também em uma outra margem. Suponhamos que o nível ótimo de produção de uma empresa dada uma alíquota de imposto τ^S seja inferior a $\bar{y}_S$. Note que, sendo $\tau^S < \tau$, a curva correspondente à formalização da empresa na figura 4.5 se desloca para baixo. Assim, pode ser que passe a valer a pena para a empresa formalizar suas atividades.

Novamente, nós temos que a presença do Simples fará com que uma empresa informal adote o Simples se

$$\frac{2\pi m(1-\tau)^2}{\tau(2-\tau)} < \delta_i < \frac{2\pi m(1-\tau^S)^2}{\tau^S(2-\tau^S)} \, .$$

Em geral, os dois efeitos podem estar presentes: o incentivo à formalização e o desincentivo ao crescimento. Assim, dependendo de δ_i, uma empresa será formal no regime regular, informal ou formal no regime Simples. A existência do regime de tributação Simples faz com que um número maior de firmas sejam formais. Isso tem efeitos positivos sobre a arrecadação, estudados na seção sobre sonegação em equilíbrio geral (pois a informalidade gera distorções sem gerar arrecadação, que é o objetivo do imposto).

4.3 Conclusões

O fato de o Simples impor um limite para o crescimento das pequenas empresas pode trazer distorções relevantes à economia. De fato, evidências anedóticas apontam para várias empresas que cresceram à sombra do Simples estarem desenvolvendo estratégias para driblar ou não ultrapassar o teto que as tornaria inelegíveis ao regime diferenciado (por exemplo, a subdivisão da empresa em várias empresas menores, o uso de "laranjas" para aberturas de outras empresas, ou limitando sua própria produção). Em outras palavras, a discrepância entre o Simples e os demais regimes tributários pode incentivar o "nanismo" das empresas, impedindo o aumento da arrecadação e da produção.

Por outro lado, o Simples pode prover incentivos para empresas formalizarem suas atividades. Para um dado nível de arrecadação, um número maior de empresas formais reduz a alíquota de imposto necessária e, portanto, as distorções. Esse pode ser um importante benefício do Simples.

Para uma discussão maior sobre os efeitos de políticas como o Simples para formalização de empresas, veja, por exemplo, Rocha et al. (2018).

Este e os dois capítulos anteriores discutiram o setor informal da economia e políticas públicas relacionadas a essa questão. Olhamos para o problema por diferentes ângulos mas, claro, deixamos de fora muitas coisas. Que aspectos importantes não foram considerados? O que mais podemos aprender?

4.4 Questões para discussão

1. Um objetivo do Simples é incentivar os pequenos empreendedores.

   (a) Em um mercado sem distorções, esse incentivo não traria quaisquer ganhos à economia. Explique.

   (b) Discuta as distorções que fazem com que incentivar pequenos empreendedores possa trazer ganhos à economia.

   (c) Discuta políticas alternativas para lidar com essas distorções ou com os problemas que elas geram.

2. Existem outras políticas que podem ter um efeito similar ao do Simples? Discuta.

3. Imagine que existe uma massa 1 de firmas em um determinado setor da economia

e que o custo de cada firma é dado por $\delta_i = i + 1$. Além disso, temos que o preço dos produtos oriundos desse setor é p e o imposto é τ. O governo deve decidir $\bar{y}_S$ e τ^S que maximizem sua arrecadação.

Referência

ROCHA, R.; ULYSSEA, G.; RACHTER, L. Do Lower Taxes Reduce Informality? Evidence from Brazil. *Journal of Development Economics*, v. 134, p. 28-49, 2018.

SCHNEIDER, F.; BUEHN, A.; MONTENEGRO, C. New estimatives for the shadow economies all over the world. *International Economic Journal*, v. 24, n. 4, p. 443-461, 2010.

______; MEDINA, L. Shadow economies around the world: what did we learn over the last 20 years? *IMF Working Paper*, 2018.

5

Previdência

A DISCUSSÃO sobre a previdência social é muito ligada à questão fiscal do Estado brasileiro. As particularidades dos regimes de previdência para os servidores públicos e trabalhadores do setor privado, as regras quanto a idade mínima e/ou tempo de contribuição para a aposentadoria, os tetos para contribuição e benefícios, todas essas questões são motivos para longos (e importantes) debates.

Os números realçam a importância dessa questão. A figura 5.1 mostra os gastos anuais do INSS expressos em porcentagem do PIB brasileiro. A proporção do PIB brasileiro absorvida pelos gastos do INSS vem crescendo muito nos últimos anos.

Figura 5.1 – Gastos anuais da previdência expressos em porcentagem do PIB

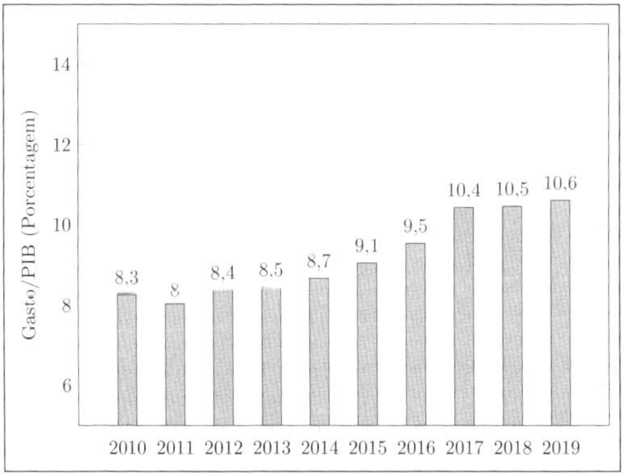

Fonte: Elaboração dos autores.

A figura 5.2, adaptada de Castelar e Giambiagi (2006), sugere que esses números tendem a aumentar, pois o Brasil ainda é um país jovem quando comparado a países com nível semelhante de gasto previdenciário.

Por conta dessas preocupações, o Brasil tem passado por várias mudanças nas regras das aposentadorias. Como não poderia deixar de ser, as pessoas reagem às regras e às suas mudanças, o que torna difícil estimar com alguma precisão o efeito das reformas no mercado de trabalho e nas contas públicas.[26]

Figura 5.2 – Gasto previdenciário (% PIB) × fração de idosos na população

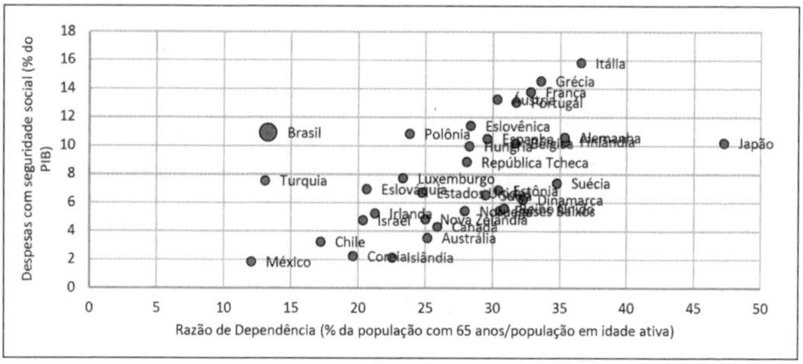

Fonte: Elaboração dos autores.

Entretanto, antes de entrar nessa discussão, vale perguntar: por que um sistema de previdência?[27]

A maioria dos Estados modernos tem sistemas de previdência e seguridade social que visam prover renda para os que já não trabalham mais, para isso taxando os que trabalham no presente. Nem sempre foi assim. Na maior parte da história da humanidade, o Estado não interveio

[26] Para uma tentativa de estimar esses efeitos, ver McKiernan (2021).

[27] A discussão que precede o modelo nessas notas de aula é baseada em Guimarães e Gonçalves (2011).

nessa questão. Os sistemas de previdência são invenções recentes, instituídos na maioria dos países no século XX. Antes disso, aqueles que não podiam mais trabalhar viviam da renda de suas propriedades (empresas, terras, imóveis), de suas poupanças, ou eram sustentados pelos mais jovens e mais saudáveis de suas famílias. Por que um sistema de previdência mandatório, imposto aos cidadãos pelo Estado?

A resposta pode parecer óbvia: um sistema de previdência é necessário para cuidar dos idosos, garantindo que eles tenham como viver dignamente após se aposentar. A resposta óbvia está errada: as pessoas podem livremente escolher guardar recursos hoje para gastar no futuro. Se não houvesse a aposentadoria do governo, as pessoas poupariam parte da sua renda para a velhice. Por que o governo tem que interferir na questão?

5.1 Por que um sistema de previdência?

Por que as pessoas não poupariam o suficiente para a velhice? Duas possíveis explicações são as seguintes:[28]

1. *Imprudência gerando externalidades negativas para a sociedade*

   Quando as pessoas deliberadamente decidem não poupar para o futuro, a sociedade se vê diante de um dilema: deixar o idoso que fora imprudente na juventude passar fome, ou ajudá-lo? Como regra geral, os imprudentes tendem a ser socorridos na velhice pelo resto da sociedade, pois a maioria das pessoas prefere que eles não passem grandes neces-

[28] Esse ponto é discutido em Guimarães e Gonçalves (2010).

sidades, ainda mais na velhice. Ou ainda, os imprudentes que não pouparam o suficiente podem acabar se organizando para convencer o governo e os políticos a ajudá-los, provavelmente em troca de votos. Nos dois casos, a imprudência de uns vira o fardo de outros e caracteriza, portanto, uma importante externalidade negativa.

2. *Tentações*

   As tentações para consumir mais ou trabalhar menos na juventude contribuem para acentuar o problema da imprudência. As pessoas podem até estar cientes da necessidade de poupar, mas é por vezes difícil resistir à tentação de comprar um pouco mais e poupar um pouquinho menos "só esse mês". Assim como Ulisses, o navegador de Homero, preferia não ter a escolha de se jogar ao mar quando atraído pelo canto das sereias, suprimir a opção de não poupar para a velhice, tirando parte do nosso dinheiro do alcance das nossas mãos todos os meses e alocando-o para o sistema de previdência, pode nos beneficiar.

Um regime de previdência que toma dinheiro dos que trabalham e distribui para os aposentados pode transferir renda. Para isso, é preciso que os recebimentos não sejam exatamente proporcionais ao que se pagou no passado. Para que se transfira renda dos ricos para os pobres, os ricos precisam receber em média menos do que pagaram, e os pobres devem receber em média mais do que pagaram.

Vamos então analisar um modelo simples em que as pessoas poupem menos que o que deveriam para a velhice, pelas razões anteriores. Depois, vamos entender como os diferentes regimes de previdência influenciam o modelo.

5.1.1 Regimes de previdência

As duas principais maneiras de se organizar um sistema de previdência são as seguintes:

- Repartição: nesse regime, prevalecente na maioria dos países, as pessoas correntemente trabalhando pagam impostos que financiam a aposentadoria dos que já não trabalham. Nele, o que ocorre é uma *transferência* de renda entre gerações. Esse esquema funciona sem percalços enquanto a proporção de idosos na sociedade é relativamente pequena em relação à de jovens, mas quando a estrutura etária muda e o país envelhece, a porca torce a rabiola.

- Capitalização: nesse regime, as pessoas *poupam* durante os anos de trabalho em contas personalizadas e sacam contra esses recursos para financiar o consumo durante os anos de vida que restam após a aposentadoria, quando não há mais renda do trabalho. Veja que nesse regime não ocorre transferência de renda entre gerações. Na capitalização, você jovem poupa para você idoso.

O que diferencia de modo crucial os dois regimens é o quão forte é a relação entre o que se recebe na aposentadoria e o que se paga ao longo dos anos de trabalho. Depois de analisar o modelo básico, vamos incluir no modelo esses dois regimes de previdência.

5.2 Modelo

5.2.1 Modelo básico

Vamos considerar um modelo com dois períodos, indivíduos trabalham apenas no primeiro período (enquanto são jovens) e consomem nos dois períodos. Os indivíduos consomem c_1 no primeiro período, c_2 no segundo período e a oferta de trabalho é dada por l. A função utilidade é dada por:

$$u = \log(c_1) + \beta \log(c_2) - \frac{\phi l^2}{2} \tag{5.1}$$

sendo ϕ uma constante e β é o fator de desconto temporal. Vamos tomar o salário w como exógeno. Denotando a poupança feita no primeiro período por s, temos que

$$c_1 + s = wl \tag{5.2}$$

e

$$c_2 = s(1+r)\,.$$

Substituindo as expressões para c_1 e c_2 em (5.1),

$$u = \log(wl - s) + \beta \log(s(1+r)) - \frac{\phi l^2}{2}\,.$$

A condição de primeira ordem com relação a s leva a:

$$-\frac{1}{c_1} + \beta \frac{1}{s} = 0 \Rightarrow s = \beta c_1$$

e usando (5.2), chega-se a

$$c_1 = \frac{1}{1+\beta} wl \tag{5.3}$$

$$s = \frac{\beta}{1+\beta} wl\,. \tag{5.4}$$

A condição de primeira ordem com relação a l implica:

$$\frac{1}{c_1} w - \phi l = 0$$

Utilizando (5.3), chega-se a:

$$l = \sqrt{\frac{1+\beta}{\phi}}\,. \tag{5.5}$$

5.2.2 *Externalidades da imprudência*

Vamos supor agora que o governo complemente a poupança daqueles que guardaram poucos recursos para a velhice. Essa complementação pode vir de diversas formas, desde complementos na aposentadoria até a prestação de serviços gratuitos para os mais velhos.

Para simplificar as contas, digamos que o governo transfira recursos para aqueles que pouparam menos que um valor s_H de forma que a poupança deles acabe sendo a média geométrica entre s_H e o que eles pouparam quando jovens, s. A transferência será igual a

$$T = \sqrt{s_H.s} - s, \quad \text{se } s < s_H$$

e assim o consumo no segundo período será dado por

$$\begin{aligned} c_2 &= (s+T)(1+r) \\ &= \sqrt{s_H.s}(1+r)\,. \end{aligned}$$

A utilidade do indivíduo passa a ser

$$u = \log(wl - s) + \beta \log(\sqrt{s_H.s}(1+r)) - \frac{\phi l^2}{2}\,.$$

A condição de primeira ordem com relação a s leva a:

$$-\frac{1}{c_1} + \beta\frac{1}{2s} = 0 \Rightarrow s = \frac{\beta}{2}c_1$$

e usando (5.2), chega-se a

$$c_1 = \frac{1}{1+\beta/2}wl$$

$$s = \frac{\beta/2}{1+\beta/2}wl\,.$$

O indivíduo escolhe poupar menos do que pouparia. Por exemplo, se $\beta = 1$, o indivíduo anteriormente pouparia metade de sua renda. Agora, poupa apenas um terço. Parte da sua aposentadoria será financiada com recursos de outros.

A condição de primeira ordem com relação a l implica:

$$\frac{1}{c_1}w - \phi l = 0\,.$$

Utilizando a expressão para c_1, chega-se a:

$$l = \sqrt{\frac{1+\beta/2}{\phi}}\,. \tag{5.6}$$

Os indivíduos para trabalhar também se reduzem.

5.2.3 Tentações

Agora, vamos supor que os indivíduos deem menos importância para o futuro do que na verdade deveriam. A ideia é que a função utilidade do indivíduo seja com em (5.1), mas que o indivíduo, na hora de tomar suas decisões, aja como se seu fator de desconto fosse $\beta\delta$ em vez de β, sendo $\delta < 1$. Essa é a maneira usual de incluir no modelo agentes que não têm preferências consistentes no tempo.

Esse tipo de preferência levanta uma questão importante: devemos avaliar o bem-estar do agente de acordo com que preferências? Devemos

1. considerar que $\beta\delta$ é seu fator de desconto e pronto?

2. ou considerar que seu "verdadeiro" fator de desconto é β?

No primeiro caso, não há nada a ser feito, o agente não está "errando", ele é apenas mais impaciente. Aqui, queremos retratar um agente que faz decisões erradas, inconsistentes com suas reais preferências. Assim, vamos pela segunda opção, vamos assumir que seu verdadeiro fator de desconto é β.

O que o indivíduo maximiza passa a ser

$$u = \log(wl - s) + \beta\delta\log(s(1+r)) - \frac{\phi l^2}{2}.$$

A condição de primeira ordem com relação a s leva a:

$$-\frac{1}{c_1} + \beta\delta\frac{1}{s} = 0 \Rightarrow s = \beta\delta c_1$$

e usando (5.2), chega-se a

$$c_1 = \frac{1}{1+\beta\delta}wl$$

$$s = \frac{\beta\delta}{1+\beta\delta}wl.$$

O indivíduo escolhe poupar menos que gostaria.

A condição de primeira ordem com relação a l implica:

$$\frac{1}{c_1}w - \phi l = 0\,.$$

Utilizando a expressão para c_1, chega-se a:

$$l = \sqrt{\frac{1+\beta\delta}{\phi}}\,. \tag{5.7}$$

Os incentivos para trabalhar também se reduzem. As horas trabalhadas caem.

5.3 Regime de repartição

O regime de repartição tem como características principais a tributação dos que trabalham para o financiamento das aposentadorias dos mais velhos e uma relação mais frouxa entre o que se paga enquanto trabalha e o consumo na velhice.

Digamos então que o governo tribute a renda dos que trabalham de forma que:

$$c_1 = wl(1-\tau)$$

e que o governo transfira recursos T para os mais velhos e assim

$$c_2 = T\,.$$

Se T for pequeno, os agentes terão incentivos para poupar mais para a aposentadoria, mas nesse caso continuaríamos com os problemas vistos anteriormente. Então vamos supor que T é grande, o regime de previdência do Estado cuida da aposentadoria das pessoas.

5.3.1 *Externalidades da imprudência*

Consideremos que o sistema de previdência exista para evitar que aqueles que não pouparam para a velhice imponham um fardo aos outros. Nesse caso, o regime de previdência impõe um tributo nos que trabalham mas pode acabar com o problema de pouca poupança para a velhice.

O agente maximiza

$$\log(wl(1-\tau)) + \beta \log(T) - \frac{\phi l^2}{2}.$$

A condição de primeira ordem com relação a l leva a

$$l = \sqrt{\frac{1}{\phi}}$$

que é muito menos do que se obtinha sem intervenção (equação 5.6). Taxar o trabalho das pessoas para financiar suas aposentadorias pode levar a uma distorção até maior do que a distorção que se pretendia corrigir. Isso depende de como se espera que o governo trate os idosos sem poupança. De qualquer forma, o regime de repartição leva a uma distorção no mercado de trabalho: há menos incentivos para trabalhar porque a renda futura não depende da renda do trabalho.

Os valores de τ e T podem ser escolhidos de modo que a distribuição de consumo entre os períodos 1 e 2 seja condizente com os preços e o fator de desconto β. Assim, ao contrário do que ocorre sem intervenção, a proporção c_1/c_2 pode ser ótima.

5.3.2 Tentações

Se o sistema de previdência existe para evitar que as pessoas gastem demais e fiquem sem recursos para a velhice, o agente escolhe l de modo a maximizar

$$\log(wl(1-\tau)) + \beta\delta \log(T) - \frac{\phi l^2}{2}.$$

A solução é idêntica à anterior:

$$l = \sqrt{\frac{1}{\phi}}$$

que, novamente, é menos do que se obtinha sem intervenção (equação 5.7). Como no caso anterior, taxar o trabalho das pessoas para financiar suas aposentadorias pode levar a uma distorção maior do que a distorção que se pretendia corrigir, e há menos incentivos para trabalhar porque a renda futura não depende da renda do trabalho. Mas, como no caso anterior, ao contrário do que ocorre sem intervenção, a proporção c_1/c_2 pode ser ótima.

5.4 Regime de capitalização

Agora, o governo retira de todos os jovens uma taxa τ que irá financiar sua própria aposentadoria. A diferença com o caso anterior é que a aposentadoria depende de sua própria contribuição previdenciária. Assim,

$$c_1 = wl(1-\tau)$$

e

$$c_2 = (\tau wl)(1+r).$$

Como no caso anterior, vamos supor que τ é grande, o regime de previdência do Estado cuida da aposentadoria das pessoas, os agentes não têm incentivos para poupar mais para a aposentadoria.

5.4.1 Externalidades da imprudência

Consideremos que o sistema de previdência exista para evitar que aqueles que não pouparam para a velhice imponham um fardo aos outros. Nesse caso, o regime de previdência retira parte da poupança dos que trabalham, devolvendo no segundo período.

O agente maximiza

$$\log(wl(1-\tau)) + \beta \log((\tau wl)(1+r)) - \frac{\phi l^2}{2}.$$

A condição de primeira ordem com relação a l leva a

$$l = \sqrt{\frac{1+\beta}{\phi}}$$

que é o resultado ótimo obtido em (5.5). Além disso, o valor de τ pode ser escolhido de modo que a distribuição de consumo entre os períodos 1 e 2 seja condizente com os preços e o fator de desconto β. Assim, a proporção c_1/c_2 pode ser ótima e, consequentemente, um sistema de previdência com regime de capitalização pode corrigir os problemas e levar ao *first best*.

5.4.2 *Tentações*

Se o sistema de previdência existe para evitar que as pessoas gastem demais e fiquem sem recursos para a velhice, o agente escolhe l de modo a maximizar

$$\log(wl(1-\tau)) + \beta\delta \log((\tau wl)(1+r)) - \frac{\phi l^2}{2}.$$

A condição de primeira ordem com relação a l leva a

$$l = \sqrt{\frac{1+\beta\delta}{\phi}}$$

que é igual à expressão em (5.7). Mas, ao contrário do que ocorre sem intervenção, a proporção c_1/c_2 pode ser ótima se as taxas são escolhidas de forma correta. Portanto, o regime de capitalização nesse caso não leva ao *first best*, pois a oferta de trabalho acaba sendo menor que o ótimo porque o agente não se preocupa com o futuro tanto quanto deveria, mas ainda assim pode melhorar com relação ao equilíbrio sem intervenção fazendo a proporção c_1/c_2 refletir o fator de desconto β e não $\beta\delta$.

5.5 Conclusões

A pergunta parece simples: por que um sistema de previdência? Mas quando colocamos no modelo os motivos que justificam a existência de um sistema de previdência, percebemos melhor as distorções que podem justificar a intervenção do Estado nessa questão, e entendemos os efeitos das diferentes formas de intervenção do Estado nessa questão.

5.6 Exercícios

1. Na seção 5.2.2, o que muda se incluímos impostos distorcidos no salário para financiar as transferências para os mais velhos?

2. Ao resolver o modelo nas diferentes situações com regimes de previdência, nós assumimos que o agente não poupava para a velhice. Assumindo que as taxas e transferências sejam escolhidas de modo a fazer com que a proporção c_1/c_2 seja ótima, o que muda nos modelos? Explique.

3. Que outras razões podem existir para a existência de um regime de previdência? Como os regimes de previdência alterariam o equilíbrio nesses casos?

Referências

CASTELAR, A.; GIAMBIAGI, F. *Rompendo o marasmo*: a retomada do desenvolvimento no Brasil. Rio de Janeiro: Campus, 2006.

GUIMARÃES, B.; GONÇALVES, C. E. *Introdução à economia.* Rio de Janeiro: Campus, 2010.

6

Fundo de Garantia

6.1 Introdução

ATÉ 1966, grandes distorções no mercado de trabalho eram geradas pelo artigo 492 da CLT, o qual garantia (e ainda garante, é só olhar a CLT) estabilidade similar àquela do serviço público para trabalhadores com mais de 10 anos de emprego em qualquer setor. Além de praticamente acabar com os incentivos para os trabalhadores, efetivamente o que esse dispositivo acabava fazendo era com que a maioria dos empregados brasileiros tivesse menos de 10 anos de casa e que as empresas decidissem por demitir aqueles que estivessem próximos de atingir essa estabilidade a fim de evitar um passivo trabalhista.

Por isso, os ministros da economia, Octavio Bulhões, e do planejamento, Roberto Campos, do governo militar de Castello Branco, decidiram criar o Fundo de Garantia do Tempo de Serviço (FGTS). Ele faz com que o empregador seja obrigado a recolher 8% do salário bruto do empregado e colocá-lo num fundo do governo. O governo investiria essa contribuição e devolveria ao trabalhador caso ele ficasse desempregado. A ideia é que o FGTS beneficiaria o trabalhador independentemente do tempo de serviço para a empresa e não mexeria tanto com os incentivos deste.

Porém, ainda no governo Castello Branco, os fundos arrecadados pelo FGTS já começaram a ser utilizados para financiar políticas do governo, como o Sistema Financeiro de Habitação (SFH). De lá para cá, esse dinheiro vem sendo usado para diversas peripécias políticas. Com frequência, a remuneração do dinheiro recolhido pelo FGTS é bastante inferior ao retorno de diversos investimentos seguros que o trabalhador poderia fazer com esse dinheiro. Assim, o que efetivamente acontece hoje é que se desconta uma parcela do salário do empregado, sendo ela aplicada pelo governo. Pode-se ver isso como um empréstimo forçado do empregado para o governo, a taxas de juros tipicamente menores do que aquelas praticadas na economia.

A Lei 13.932 de 2019 modificou as regras do FGTS, permitindo saques de parte dos valores do fundo, dentre outras coisas. Ainda assim, em sua essência, o FGTS é uma poupança forçada a taxas menores que a de mercado. Qual o efeito dessa política?

A seguir, veremos que, no nosso modelo básico, essa poupança forçada acaba por prejudicar o trabalhador quando comparada ao cenário em que esse benefício é recebido como salário diretamente, sendo este efeito amplificado quando estamos num cenário com restrição de crédito. Depois, discutiremos circunstâncias em que essa política poderia beneficiar o trabalhador.

6.2 Modelo simples

Vamos partir de um modelo simples em que os indivíduos vivem por dois períodos. Em cada um desses períodos eles escolhem o quanto consumir de forma que $c = (c_1, c_2)$. Esse consumo depende da dotação inicial que é tal que $y = (y_1, y_2)$. A taxa de juros da economia é igual a r.

O indivíduo escolhe quanto poupa ou toma emprestado do primeiro para o segundo período. Seja s a poupança (s pode ser negativo), temos que

$$\begin{aligned} c_1 &= y_1 - s \\ c_2 &= y_2 + s(1+r). \end{aligned} \tag{6.1}$$

Estamos interessados em verificar qual é o efeito da implementação do FGTS quando há restrição ao crédito e quando ela não existe. Para isso, teremos que estudar quatro situações possíveis:

6.2.1 *Caso sem restrição ao crédito e sem FGTS*

Quando não há restrição ao crédito, $s = y_1 - c_1$. Substituindo essa relação em (6.1), temos que a restrição orçamentária do indivíduo é dada por:

$$c_1 + \frac{c_2}{1+r} = y_1 + \frac{y_2}{1+r}.$$

Ou seja, o consumo no período 1 mais o valor presente do consumo no período 2 tem que ser igual à soma das dotações nos dois períodos. Graficamente temos:

Figura 6.1 – Escolha intertemporal sem FGTS e sem restrição ao crédito

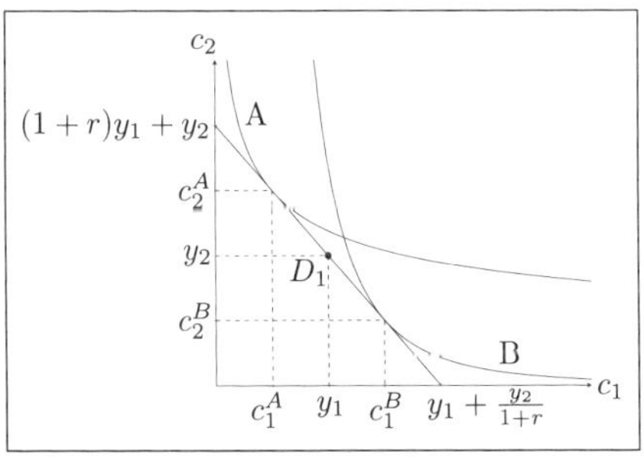

Fonte: Elaboração dos autores.

em que A e B representam curvas de indiferença de diferentes indivíduos. Repare que um indivíduo que tenha uma curva tal como A é um poupador, uma vez que a quantidade de consumo escolhida no período 2, c_2^{*A} é maior que a dotação inicial desse período, y_2. Ou seja, este indivíduo consome menos que sua dotação inicial y_1 no primeiro período para poder consumir mais no segundo. Por outro lado, um indivíduo que tenha uma curva tal como B é um tomador de empréstimo, já que a quantidade de consumo escolhida no período 1 é maior que a dotação inicial desse período. Ou seja, este indivíduo consome mais que sua dotação inicial y_1 no primeiro período, mas para isso consume menos que a dotação inicial do segundo nesse outro período.

6.2.2 Caso sem restrição ao crédito e com FGTS

Vamos supor que o FGTS remunere a uma taxa r exatamente igual à taxa de juros da economia e que sua alíquota seja f.

Figura 6.2 – Escolha intertemporal com FGTS e sem restrição ao crédito

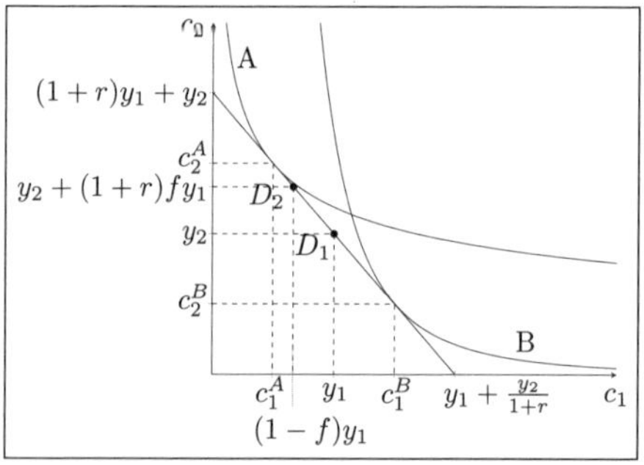

Fonte: Elaboração dos autores.

Nesse caso ele funciona como uma poupança compulsória e seu único efeito é alterar as dotações iniciais do ponto D_1 para o ponto D_2.

Repare que os indivíduos que já eram tomadores de empréstimo mantêm esse comportamento, mas alguns poupadores agora se tornam tomadores de empréstimo, como é o caso de um indivíduo que tenha uma curva de indiferença C.

Não há alteração em termos de eficiência e assim podemos dizer que o FGTS é inóquo.

Se a taxa de remuneração do FGTS for igual a ρ sendo $\rho < r$, ou seja, ela é menor que a taxa de juros da economia, o resultado é diferente. Isso porque o FGTS provoca um efeito renda negativo, deslocando a restrição orçamentária para a esquerda e alterando a dotação inicial.

Figura 6.3 – Escolha intertemporal com FGTS e sem restrição ao crédito

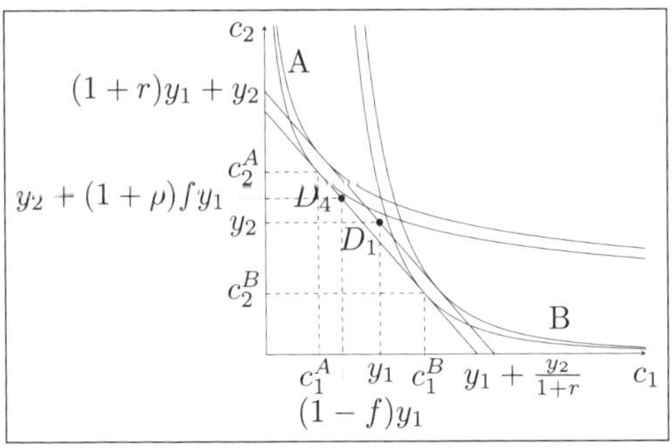

Fonte: Elaboração dos autores.

A dotação inicial muda do ponto D_1 para o ponto D_3. Há uma redução de bem-estar (os indivíduos estão em curvas de indiferença inferiores: de A_1 para A_2, por exemplo), mas não há perda de eficiência (a tangência entre a curva de indiferença e a restrição orçamentária se mantém).

6.2.3 *Caso com restrição ao crédito e sem FGTS*

Entenda por restrição ao crédito que o indivíduo pode poupar mas não consegue tomar emprestado (isto é, $s \geq 0$).

Figura 6.4 – Escolha intertemporal sem FGTS e com restrição ao crédito

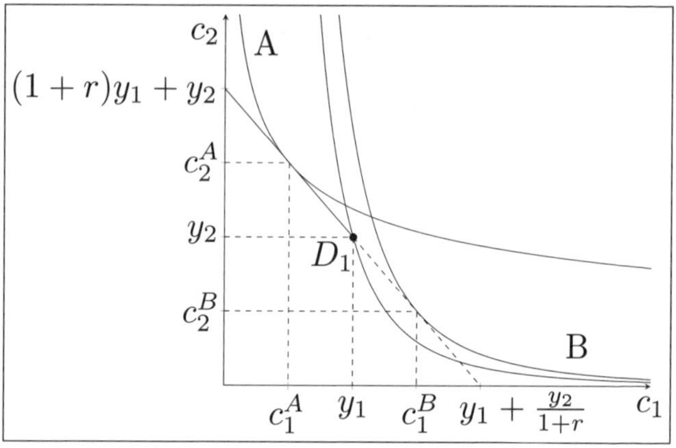

Fonte: Elaboração dos autores.

O efeito da restrição ao crédito é que a restrição orçamentária é modificada de forma que um trecho seu deixa de ser viável (parte pontilhada), ou seja, ela é encurtada. Para os indivíduos que são naturalmente poupadores essa restrição não tem efeito algum, mas para os indivíduos que seriam tomadores de empréstimo essa restrição leva a uma redução de bem-estar, já que esse indivíduo só consegue atingir uma curva de indiferença inferior (B_1 ao invés de B_2), e de eficiência, pois agora temos uma solução de canto em D_1.

6.2.4 *Caso com restrição ao crédito e com FGTS*

Novamente, vamos supor que o FGTS remunere a uma taxa r exatamente igual à taxa de juros da economia e que sua alíquota seja s.

O efeito do FGTS é de acentuar o encurtamento da restrição orçamentária. Graficamente, temos:

Figura 6.5 – Escolha intertemporal com FGTS e com restrição ao crédito

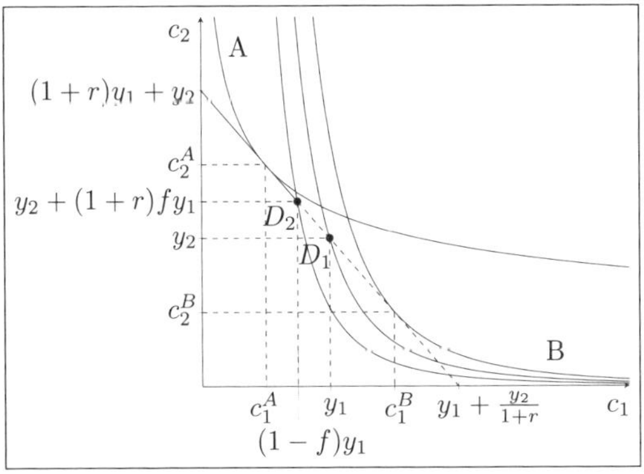

Fonte: Elaboração dos autores.

Conforme vimos na figura 6.4, o efeito da restrição ao crédito é de encurtar a restrição orçamentária até o ponto D_1. O FGTS acentua esse encurtamento, de forma que a restrição orçamentária é cortada no ponto D_4.

Nesse caso, podemos ver que os tomadores de empréstimo em potencial são forçados a poupar e consomem a dotação inicial modificada (D_4). Conforme já vimos, há uma redução de bem-estar (estão em uma curva de indiferença inferior) e ineficiência (solução de canto). A situação dos poupadores em potencial é diferente. Alguns deles não são afetados pela presença do FGTS, como é o caso de um indivíduo que tenha uma curva de indiferença tal como A. Outros, no entanto, são afetados, como é o caso de um indivíduo que tenha uma curva de indiferença tal como B. Esse indivíduo gostaria de poupar menos do que ele é obrigado a poupar na presença do FGTS. Assim como no caso dos potenciais tomadores de empréstimo, há uma redução de bem-estar (estão em uma curva de indiferença inferior: B_1 ao invés de B_2) e ineficiência (solução de canto em D_4).

Vale a pena ressaltar que a poupança total da economia é maior, já que há um número maior de poupadores (houve entrada por causa do FGTS).

Novamente podemos pensar no caso em que a taxa de remuneração do FGTS é igual a ρ sendo $\rho < r$. Nesse caso, temos os mesmos efeitos mais um efeito renda negativo que desloca a restrição orçamentária para a esquerda e altera a dotação inicial. Pelo gráfico a seguir podemos ver que a perda de bem-estar de alguns indivíduos é amplificada (saem da curva de indiferença B_3 para a curva B_1):

Figura 6.6 – Escolha intertemporal com FGTS e com restrição ao crédito

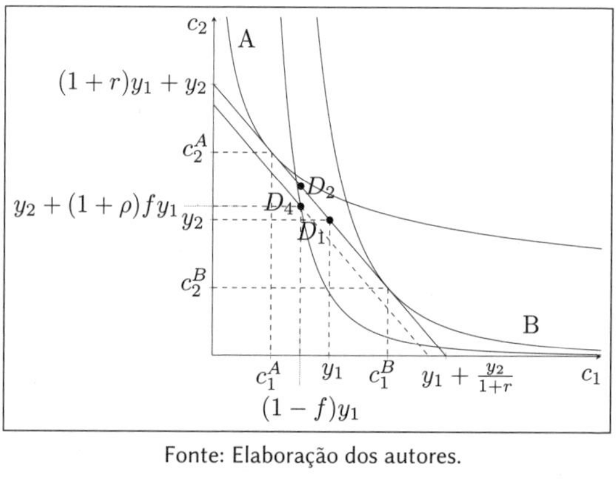

Fonte: Elaboração dos autores.

6.3 Modelo completo

Agora que já temos a intuição sobre os efeitos do FGTS, vamos formalizar a escolha dos agentes. Os indivíduos vivem por dois períodos e têm função de utilidade:

$$U = \alpha \ln c_1 + (1-\alpha) \ln c_2 \,. \tag{6.2}$$

E a restrição orçamentária é:

$$\begin{aligned} c_1 &= y_1 - s \\ c_2 &= y_2 + s(1+r)\,. \end{aligned}$$

Partindo desse cenário, temos diversos casos.

6.3.1 Caso sem restrição ao crédito, sem FGTS

Nesse caso, o problema do agente é maximizar (6.2) sujeito à restrição orçamentária:

$$c_1 + \frac{c_2}{(1+r)} = y_1 + \frac{y_2}{(1+r)}\,. \tag{6.3}$$

As condições de primeira ordem levam a

$$c_1 = \alpha \left(y_1 + \frac{y_2}{(1+r)} \right)$$

$$c_2 = (1-\alpha)(1+r) \left(y_1 + \frac{y_2}{(1+r)} \right)$$

e a razão c_2/c_1 é

$$\frac{c_2}{c_1} = \frac{(1-\alpha)(1+r)}{\alpha}\,.$$

6.3.2 Caso sem restrição ao crédito, com FGTS

Nesse caso,

$$\begin{aligned} c_1 &= y_1(1-f)-s \\ c_2 &= y_2+y_1f(1+\rho)+s(1+r) \end{aligned}$$

em que ρ é a taxa que remunera o FGTS. Substituindo $s=y_1(1-f)-c_1$ na equação para c_2, temos que:

$$c_1+\frac{c_2}{1+r}=y_1\left(1-\left(\frac{r-\rho}{1+r}\right)f\right)+\frac{y_2}{1+r} \qquad (6.4)$$

Caso $r=\rho$

Se a taxa de remuneração do FGTS é igual à taxa de juros de mercado, o FGTS provoca uma alteração na dotação inicial, mas a restrição orçamentária em (6.4) fica igual a (6.3). Portanto, as alocações dos agentes não se alteram. Sem restrição de crédito e com $r=\rho$, o FGTS é inócuo.

Caso $r>\rho$

Nesse caso, temos que

$$c_1=\alpha\left(y_1\left(1-\left(\frac{r-\rho}{1+r}\right)f\right)+\frac{y_2}{(1+r)}\right)$$

$$c_2=(1-\alpha)(1+r)\left(y_1\left(1-\left(\frac{r-\rho}{1+r}\right)f\right)+\frac{y_2}{(1+r)}\right)$$

e, portanto,

$$\frac{c_2}{c_1}=\frac{(1-\alpha)(1+r)}{\alpha}.$$

O FGTS funciona como um imposto sobre a dotação do agente: os níveis de consumo nos dois períodos são menores, mas a razão c_2/c_1 não se altera. O FGTS tem apenas um efeito renda negativo.

6.3.3 *Caso com restrição ao crédito, sem FGTS*

Entenda por restrição ao crédito que o indivíduo pode poupar mas não consegue tomar emprestado. O problema do agente é maximizar

$$U = \alpha \ln c_1 + (1-\alpha) \ln c_2$$

sujeito às restrições orçamentárias

$$\begin{aligned} c_1 &= y_1 - s \\ c_2 &= y_2 + s(1+r) \end{aligned}$$

e

$$s \geq 0 \, .$$

Essa última inequação formaliza a hipótese de restrição ao crédito. Isso implica

$$c_1 \leq y_1 \, .$$

Se o agente escolhe um nível de poupança $s \geq 0$, o modelo é idêntico ao do caso sem restrição ao crédito.

Se a restrição ao crédito é de fato ativa, ou seja, se o agente gostaria de escolher $s < 0$, temos que $s = 0$ e

$$\begin{aligned} c_1 &= y_1 \\ c_2 &= y_2 \, . \end{aligned}$$

A razão de consumo c_2/c_1 é maior que anteriormente:

$$\frac{c_2}{c_1} = \frac{y_2}{y_1} > \frac{(1-\alpha)(1+r)}{\alpha}$$

mas a restrição ao crédito o impede de ter um c_1 tão alto quanto ele gostaria.

6.3.4 *Caso com restrição ao crédito, com FGTS*

Agora o problema do indivíduo é:

$$U = \alpha \ln c_1 + (1-\alpha) \ln c_2$$

sujeito às restrições orçamentárias

$$\begin{aligned} c_1 &= y_1(1-f) - s \\ c_2 &= y_2 + y_1 f(1+\rho) + s(1+r) \end{aligned}$$

e

$$s \geq 0 \,.$$

Novamente o indivíduo pode poupar (escolhe o montante s) mas não consegue tomar emprestado. No entanto, além da poupança voluntária, ele é obrigado a fazer uma poupança compulsória via FGTS, cuja alíquota é igual a f. Agora, a restrição ao crédito implica

$$c_1 \leq y_1(1-f) \,.$$

Portanto, o FGTS desloca a restrição orçamentária do agente: aqueles que gostariam de escolher $c_1 > y_1$ continuam restritos, mas agora a restrição é mais severa; aqueles que gostariam de escolher $c_1 \in (y_1(1-f), y_1)$ escolheriam $s > 0$ sem o FGTS mas agora, com o FGTS, passam a estar restritos.

Para aqueles que não estão restritos mesmo com o FGTS e escolhem $s \geq 0$, o efeito é idêntico ao discutido na seção 6.3.2.

Se a restrição ao crédito é de fato ativa, ou seja, se o agente gostaria de escolher $s < 0$, temos que $s = 0$ e

$$\begin{aligned} c_1 &= y_1(1-f) \\ c_2 &= y_2 + y_1 f(1+\rho). \end{aligned}$$

A razão de consumo c_2/c_1 é maior ainda:

$$\frac{c_2}{c_1} = \frac{y_2 + y_1 f(1+\rho)}{y_1(1-f)} > \frac{y_2}{y_1} > \frac{(1-\alpha)(1+r)}{\alpha}.$$

Para o agente restrito ao crédito, o FGTS reduz o consumo presente e aumenta o consumo futuro. Esse aumento depende da taxa ρ, e se $\rho < r$, o agente estará pior por dois motivos: pelo efeito renda negativo e por tornar a restrição ao crédito mais severa.

6.4 Para que o FGTS?

Alguns analistas argumentam que o FGTS beneficia a economia do país por aumentar a poupança agregada. Sem entrar na discussão normativa sobre poupança agregada, a análise neste capítulo questiona esse efeito: no nosso modelo, para os agentes que não estão restritos ao crédito, o FGTS não aumenta poupança. A poupança só aumenta para aqueles agentes restritos ao crédito — normalmente os indivíduos em condições econômicas menos favoráveis. Mesmo que o objetivo seja aumentar a poupança agregada, não é claro que esse seja um bom mecanismo.

Outra possível justificativa para a existência do FGTS é que os indivíduos podem ser míopes e poupar menos do que gostariam de fato. O FGTS seria um mecanismo disciplinador para esses agentes (como no capítulo sobre previdência). Afinal, o FGTS é um sistema de capitalização (ainda que com taxas de juros inferiores ao mercado).

6.4.1 Modelo de agentes míopes

Suponha que no período 1 o agente escolha maximizando a seguinte função utilidade:

$$U = \frac{\alpha}{\alpha + \delta(1-\alpha)} \ln c_1 + \frac{\delta(1-\alpha)}{\alpha + \delta(1-\alpha)} \ln c_2$$

com $\delta \in (0,1)$, mas que no período 2 ele avalie seu bem-estar de acordo com a função utilidade

$$U = \alpha \ln c_1 + (1-\alpha) \ln c_2 \,.$$

A ideia por trás do fator δ é que os indivíduos não têm preferências consistentes ao longo do tempo e que tendem a sobrevalorizar o consumo presente sobre o consumo futuro, como discutido na seção sobre previdência.

Para simplificar, vamos considerar o caso $\rho = r$. Sem restrição ao crédito, a restrição orçamentária é a mesma que em (6.3):

$$c_1 = \frac{\alpha}{\alpha + \delta(1-\alpha)} \left(y_1 + \frac{y_2}{(1+r)} \right)$$

$$c_2 = \frac{\delta(1-\alpha)}{\alpha + \delta(1-\alpha)} (1+r) \left(y_1 + \frac{y_2}{(1+r)} \right)$$

e a razão

$$\frac{c_2}{c_1} = \frac{\delta(1-\alpha)(1+r)}{\alpha} \,.$$

Com FGTS ou sem FGTS, a razão c_2/c_1 do agente míope não restrito ao crédito é sempre a mesma. O FGTS não reduz o consumo no primeiro período ao forçar sua poupança porque o agente pode tomar emprestado ou poupar menos do que pouparia sem o FGTS.

Do ponto de vista do agente no segundo período, a razão de consumo ideal é dada por

$$\frac{c_2}{c_1} = \frac{(1-\alpha)(1+r)}{\alpha}\,.$$

Note que essa razão é maior que a anterior, mas o FGTS não corrige a miopia do agente não restrito ao crédito.

Se o agente está restrito ao crédito, com o FGTS ele escolhe:

$$\begin{aligned} c_1 &= y_1(1-f) \\ c_2 &= y_2 + y_1 f(1+r)\,. \end{aligned}$$

Ao forçar uma redução do consumo no primeiro período, o FGTS necessariamente piora a situação do indivíduo sob a função utilidade que ele considera no primeiro período. Mas do ponto de vista do agente no segundo período, essa redução no consumo pode ser benéfica.

Portanto, o FGTS pode induzir uma melhora de bem-estar no caso dos indivíduos estarem restritos ao crédito (sob o ponto de vista do indivíduo no segundo período).

Este capítulo e o anterior discutem políticas públicas que, essencialmente, forçam os agentes a poupar. Discutimos algumas razões para isso e alguns possíveis efeitos dessas políticas. Que aspectos importantes poderiam ser incluídos ou modificados nos modelos? O que mais aprenderíamos?

6.5 Exercícios

1. O FGTS é uma taxa sobre a renda do trabalho. Nos modelos deste capítulo, consideramos as rendas dos dois períodos fixas. É uma maneira de considerar a oferta de trabalho como infinitamente inelástica. Vamos relaxar essa hipótese e analisar o quanto isso altera nossos resultados. Suponha agora que $y_1 = wl$ e $y_2 = 0$ e a função utilidade seja dada por

$$U = \alpha \ln c_1 + (1 - \alpha) \ln c_2 - \frac{\chi l^2}{2}$$

   Calcule c_1, c_2 e l nos casos:

   (a) Sem FGTS e sem restrição ao crédito.
   (b) Com FGTS e sem restrição ao crédito.
   (c) Sem FGTS e com restrição ao crédito.
   (d) Com FGTS e com restrição ao crédito.

2. Suponha que o agente seja míope como na seção 6.4.1 e que esteja restrito ao crédito. Mostre em uma figura com as curvas de indiferença e a restrição orçamentária quais as combinações (c_1, c_2) ao longo da restrição orçamentária que melhorariam a

situação do agente sob seu ponto de vista no segundo período.

3. Relacione o FGTS com a discussão sobre o setor informal. Para um dado r, como ρ afeta a alocação entre os setores formal e informal.

7

Transferências Condicionais de Renda

7.1 Introdução

Os programas de transferências condicionais de renda foram criados em meados dos anos 1990 por alguns países em desenvolvimento e rapidamente se disseminaram ao redor do mundo em desenvolvimento. O Brasil teve um papel relevante nesse processo. Em 1997, havia três países com programas similares, o México com o *Progresa*, Bangladesh com o *Female School Stipend Program* e o Brasil com o *Renda Mínima/Bolsa Escola*. Estimulado por essas experiências e incentivados por organismos internacionais como o Banco Mundial, programas desse tipo se espalharam e em 2014 havia cerca de 70 países no mundo com programas de transferências condicionais de renda.

Os programas de transferências condicionais de renda se caracterizam por transferir renda às famílias pobres sob algumas condições de contrapartida comportamental de seus membros. Em geral, essas condicionalidades se referem à obrigatoriedade de frequência escolar de suas crianças e jovens em idade escolar; visitas regulares aos postos de saúde; manutenção em dia da carteira de vacinação etc. A ideia é alcançar dois objetivos simultaneamente. De um lado, aliviar a pobreza no curto prazo via transferência de renda aos mais pobres e, de outro, combater pobreza no longo prazo via incentivos à acumulação de capital humano das novas gerações que vivem em condições de vulnerabilidade.

No Brasil, a temática social entra em debate com o Programa de Garantia de Renda Mínima (PGRM), em 1991.[29] Nos anos que se seguiram, o Governo Federal lançaria o Benefício de Prestação Continuada (1993), o Programa de Erradicação do Trabalho Infantil (1996) e o Programa Comunidade Solidária (1995). Em paralelo, ganham força as primeiras iniciativas de transferência condicionada de renda no âmbito municipal em 1995,[30] seguindo-se o Bolsa Escola Federal (2001), o Bolsa Alimentação (2001), o Auxílio Gás (2002) e o Cartão Alimentação (2003). O programa de transferência condicional de renda passou a ganhar escala em todo o território nacional a partir da criação do programa Bolsa Família. O Programa Bolsa Família (PBF) é um programa de transferência direta de renda condicionada criado em 2003,[31] unificando quatro programas então existentes (o Programa Bolsa Escola, o Programa Cartão Alimentação, o Programa Bolsa Alimentação e o Programa Auxílio-Gás), com foco no alívio imediato de famílias em situação de pobreza e extrema pobreza no país. Em contrapartida, busca reforçar o exercício de direitos sociais básicos nas áreas de saúde, educação e acompanhamento familiar, via condicionalidades. O PBF atuaria, assim, com o duplo objetivo de amenizar a insuficiência de renda e promover

---

29 Disponível em: https://bit.ly/3PtiVC9. Acesso em: 19 maio 2023.

30 Incluem-se aí o Programa de Garantia de Renda Familiar Mínima, em Campinas, o Bolsa Familiar para Educação, no Distrito Federal, e o Programa de Garantia de Renda Familiar Mínima, de Ribeirão Preto, todos em 1995. No ano seguinte, Vitória, Santos, Belo Horizonte, Jundiaí, Boa Vista, Franca e Salvador adotaram políticas locais similares.

31 Medida Provisória nº 132, de 20 de outubro de 2003.

a superação das vulnerabilidades associadas à pobreza e à miséria para os futuros adultos.

Para funcionar, programas dessa natureza devem estabelecer: (i) regras de elegibilidade (quem é pobre); (ii) regras de benefícios (quem recebe e qual o valor das transferências); e (iii) regras de condicionalidades (quais condicionalidades e quem deve cumpri-las). Com o PBF não foi diferente. Desde sua criação esses conjuntos de regras foram se modificando e atualizando ao longo do tempo. Por exemplo, de acordo com as regras do PBF em 2019, eram consideradas elegíveis ao benefício todas as famílias com renda *per capita* familiar mensal inferior a R$ 89,00; e famílias com filhos ou dependentes legais com idade igual ou inferior a 17 anos, renda *per capita* familiar mensal até R$ 178,00. Além disso, as seguintes condicionalidades deviam ser atendidas para assegurar a manutenção do benefício:

- No campo da educação, frequência escolar mínima de 85% para crianças com idade entre seis e 15 anos; e frequência escolar mínima de 75% para adolescentes com idade entre 16 e 17 anos.
- No campo da saúde, acompanhamento do calendário vacinal e do crescimento e desenvolvimento para crianças menores de sete anos; e pré-natal das gestantes e acompanhamento das nutrizes na faixa etária de 14 a 44 anos.

Os benefícios pagos às famílias, por meio bancário e preferencialmente às mulheres, dependem das suas características (a renda mensal da família por pessoa, o número de crianças e adolescentes de até 17 anos, de gestantes, nutrizes e de componentes da família), variando entre R$ 41 e R$ 301 por mês.

Do ponto de vista administrativo, o programa funcionava sob gestão compartilhada dos entes federativos, baseado nas informações disponíveis no Cadastro Único para Programas Sociais do Governo Federal, que efetua automaticamente (e de forma impessoal) a seleção das famílias elegíveis segundo atendimento dos critérios condicionantes.

Como se pode notar nas figuras, ao final de mais de uma década de vigência, o PBF atingiu um orçamento anual de cerca de R$ 30,6 bilhões, o equivalente a 0,41% do PIB (2019). Os benefícios, por sua vez, foram utilizados para atender cerca de 13,2 milhões de famílias em 2019, com um valor médio de R$ 191,03 por família.

Com o advento da pandemia da COVID-19, o governo federal instituiu um auxílio emergencial de transferência de renda às famílias que potencialmente sofreram um choque de renda negativo. Com essa experiência, modificou o PBF e criou o Programa Auxílio Brasil (PAB).[32] O PAB manteve as caraterísticas comuns dos programas de transferências condicionais de renda, apenas modificando algumas regras do PBF e criando algumas transferências adicionais a alguns grupos específicos. Em 2023, o governo federal reinstituiu o Programa Bolsa Família com a Medida Provisória nº 1.164, de 2 de março de 2023. Nela, se alteram algumas regras de elegibilidade, benefícios e condicionalidades. Por exemplo, a regra de elegibilidade é alterada para serem elegíveis as famílias cuja renda *per capita* mensal seja igual ou inferior a R$ 218. As famílias passam a receber um benefício de R$ 142 por pessoa. Se o total de benefícios não alcançar o valor de

[32] Decreto nº 10.852, de 8 de novembro de 2021; Medida Provisória nº 1.061, de 09 de agosto de 2021; Decreto nº 10.831, de 6 de outubro de 2021.

R$ 600, adiciona-se o valor necessário para cobrir a diferença. Além disso, transfere-se um benefício de R$ 150 por criança com idade de zero a 7 anos incompletos e um benefício de R$ 50 por gestante e criança de 7 a 18 anos incompletos. As condicionalidades continuam sendo as visitas regulares aos postos de saúde e a frequência escolar regular.

Figura 7.1 – Gastos com o Programa Bolsa Família

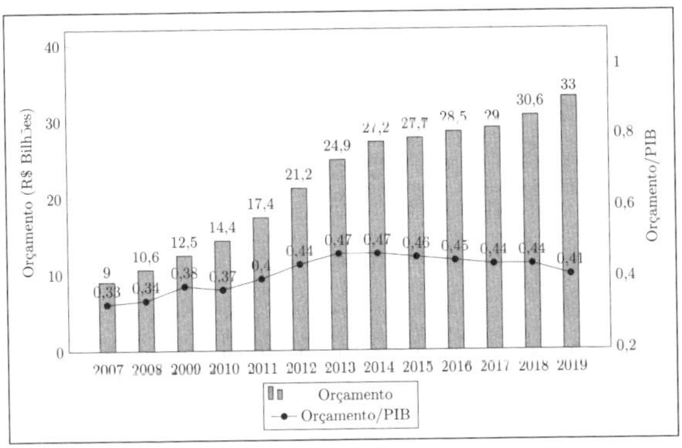

Fonte: Elaboração dos autores.

Figura 7.2 – Gastos com o Programa Bolsa Família

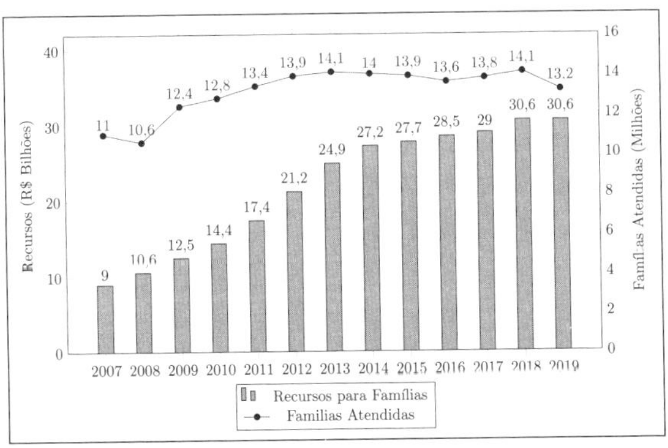

Fonte: Elaboração dos autores.

Figura 7.3 – Valor médio por família (dezembro de cada ano)

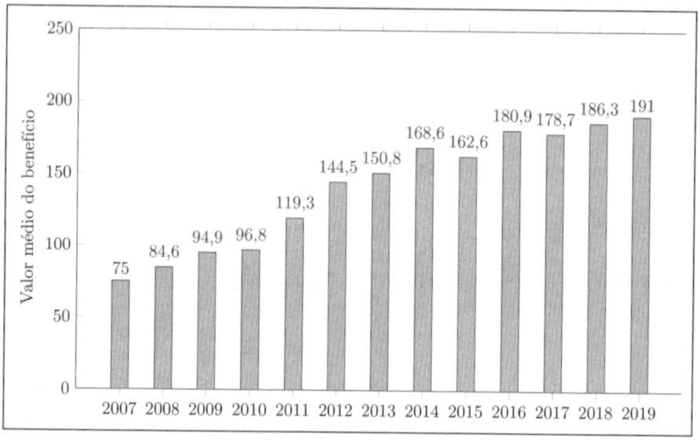

Fonte: Elaboração dos autores.

A racionalidade em combater pobreza via políticas redistributivas de renda se baseia na ideia de que as pessoas têm uma utilidade marginal da renda decrescente, isto é, o benefício de uma unidade adicional de renda decresce com a renda. Assim, 100 reais para uma família pobre trazem muito mais utilidade que os mesmos 100 reais para uma família rica. Consequentemente, transferir renda dos mais ricos para os mais pobres significa levar os reais para os bolsos de quem extrai mais utilidade deles.

Por outro lado, sabemos que programas que buscam aliviar a pobreza e a pobreza extrema (insuficiência de renda), no curto prazo, quase sempre não são suficientes para solucionar os enigmas de longo prazo da desigualdade. A baixa e desigual acumulação do capital humano, por exemplo, é um dos fatores diretos e indiretos mais avaliados para explicar as disparidades de renda e pobreza (com impactos em baixos níveis salariais, baixa qualificação e baixa produtividade), além do baixo crescimento econômico. Com efeito, programas de transferência de renda passaram a incluir contrapartidas (condicionalidades), criando incentivos para que a desigualdade não seja "transmitida" para as próximas gerações com o fim do benefício.[33] Além disso, ouve-se frequentemente que programas de transferência de renda poderiam trazer algum desincentivo à oferta de trabalho.

Existe uma larga literatura especializada sobre o tema. Entre os artigos recentemente publicados, pode-se destacar Cahyadi et al. (2020). Uma resenha recente sobre os impactos de longo prazo dos programas de transferências condicionais de renda pode ser encontrada em Millan et al. (2019). Parker e Todd (2017) apresenta uma ampla resenha sobre os impactos do programa mexicano *Progressa/Oportunidades*.

Diante do exposto, qual a melhor forma de construir uma política social eficiente, reduzindo as distorções a ela associadas?

7.2 Universalização × focalização

O Programa Bolsa Família é um programa de transferência focalizado: recursos são transferidos para as famílias pobres. De modo geral, as transferências do governo podem ser focalizadas (apenas para algum grupo) ou universais (para todos os cidadãos). Nesta seção, estudamos os *trade-offs* entre as duas políticas.

7.2.1 Modelo básico

Há dois tipos de indivíduos, indexados por H e L. Os indivíduos do tipo H recebem um salário por unidade de esforço w_H e os indivíduos do tipo L recebem um

[33] Ver, a este respeito, Souza, A. P. (2011) e Ribeiro, F.G. et al. (2017).

salário por unidade de esforço w_L, onde $w_H > w_L$ (e w_H e w_L são constantes). A renda do indivíduo *i* é dada por $R_i = w_i e_i$, sendo e_i a quantidade de esforço do indivíduo *i*. Há uma fração λ de indivíduos do tipo L e $(1 - \lambda)$ de indivíduos do tipo H. Essa formulação capta de maneira simplificada a ideia de que os rendimentos de uma pessoa dependem de fatores que a pessoa não consegue controlar (aqui captados pelo tipo do indivíduo, H ou L) e por fatores que a pessoa pode controlar (aqui representado pelo esforço e_i do indivíduo *i*).

A função utilidade do indivíduo *i* é dada por:

$$u_i = R_i - \psi \frac{e_i^2}{2} \tag{7.1}$$

sendo ψ um parâmetro de desutilidade do esforço.

Vamos considerar, a princípio, que não exista nenhum imposto ou transferência de renda nessa economia. Temos então que o problema do agente é maximizar (7.1) sendo $R_i = w_i e$. O esforço ótimo é dado por

$$e_H = \frac{w_H}{\psi} \quad , \quad e_L = \frac{w_L}{\psi} \, .$$

A renda de equilíbrio é:

$$R_H = \frac{w_H^2}{\psi} \quad , \quad R_L = \frac{w_L^2}{\psi} \, .$$

e agentes obtêm utilidade:

$$u_H = \frac{w_H^2}{2\psi} \quad , \quad u_L = \frac{w_L^2}{2\psi} \, .$$

7.2.2 *Redistribuição com tipos observáveis*

Vamos considerar que R_L seja muito baixo e o governo queira distribuir recursos dos agentes de renda alta para os de renda baixa. A política de distribuição de renda visa transferir uma quantidade de recurso t para todos os agentes do tipo L a fim de mitigar sua insuficiência de renda.

A política de redistribuição precisa ser financiada com impostos. Vamos supor que a alíquota de imposto seja a mesma para todas as pessoas, igual a τ. Essa hipótese representa de maneira simples a ideia de que todos pagam impostos na sociedade, e os impostos dependem positivamente da renda. Impostos sobre consumo são de fato proporcionais à renda, como no modelo.

Vamos considerar que os tipos sejam observáveis, ou seja, que o governo saiba exatamente quem é tipo L e quem é tipo H. Essa hipótese não é muito realista mas fornece um bom ponto de partida para a discussão.

7.2.3 *Política universal de transferência*

Seja τ_U a alíquota de impostos nesse caso. A utilidade do agente agora é então dada por

$$\begin{aligned} u_H = & \quad w_H e_H (1 - \tau_U) - \psi \frac{e_H^2}{2} + t_U \,, \\ u_L = & \quad w_L e_L (1 - \tau_U) - \psi \frac{e_L^2}{2} + t_U \,. \end{aligned}$$

O esforço ótimo é dado por

$$e_H = \frac{w_H(1 - \tau_U)}{\psi} \quad , \quad e_L = \frac{w_L(1 - \tau_U)}{\psi} \qquad (7.2)$$

e a renda é dada por

$$R_H = \frac{w_H^2(1-\tau_U)^2}{\psi} \quad , \quad R_L = \frac{w_L^2(1-\tau_U)^2}{\psi} . \quad (7.3)$$

Note que um imposto τ_U faz com que a renda líquida caia para $(1-\tau_U)^2$ do que era anteriormente: a renda bruta é igual à anterior multiplicada por $(1-\tau_U)$ por conta da redução no esforço, e o imposto faz com que a renda bruta seja multiplicada por $(1-\tau_U)$. Agentes obtêm utilidade:

$$u_H = \frac{w_H^2(1-\tau_U)^2}{2\psi} + t_U \ , \ u_L = \frac{w_L^2(1-\tau_U)^2}{2\psi} + t_U \, .$$

A utilidade, como a renda, é decrescente no τ_U.

A arrecadação de impostos deve ser tal que:

$$t_U = (1-\lambda)\tau_U \frac{w_H^2(1-\tau_U)^2}{\psi} + \lambda\tau_U \frac{w_L^2(1-\tau_U)^2}{\psi} \, .$$

O lado esquerdo da equação corresponde ao dispêndio do governo com transferências dividido pelo tamanho da população. Todos os agentes (100% deles) recebem t. O lado direito corresponde à arrecadação de impostos dos indivíduos de tipo H (primeiro termo) e à arrecadação de impostos dos indivíduos de tipo L (segundo termo), também dividido pelo tamanho da população.[34] Temos então que

$$\tau_U\,(1-\tau_U)^2 = \frac{\psi t_U}{(1-\lambda)w_H^2 + \lambda w_L^2} \, . \quad (7.4)$$

[34] Se há N indivíduos na economia, temos $(1-\lambda)$ do tipo H e λ do tipo L. Assim,

$$Nt = N(1-\lambda)\tau_U \frac{w_H^2(1-\tau_U)^2}{\psi} + N\lambda\tau_U \frac{w_L^2(1-\tau_U)^2}{\psi}$$

e os valores de N podem ser cancelados na equação.

Em princípio, a relação entre τ_F e a quantidade arrecadada não é monotônica por conta da curva de Lafer. Contudo, o governo que maximiza o bem-estar social sempre escolherá um valor de τ do lado crescente da curva de Lafer. Assim, a alíquota de imposto τ_F necessária para financiar a transferência para os pobres é crescente no lado direito da equação (7.4).

Neste caso, todos pagam impostos e todos recebem a transferência. Há uma transferência de um grupo para o outro? Sim, há, pois o imposto é proporcional à renda e a transferência não é. Então, aqueles com renda menor pagam menos impostos mas ganham o mesmo em transferências. Por exemplo, se a renda do indivíduo do tipo H é o dobro da renda do indivíduo L e $\lambda = 1/2$, um imposto que arrecada 4 unidades dos indivíduos do tipo H e, portanto, 2 unidades dos indivíduos do tipo L transfere 3 unidades para cada indivíduo. Isso equivale a transferir uma unidade de cada indivíduo do tipo H para o tipo L (o tipo H paga 4 de imposto e recebe 3, o tipo L paga 2 e recebe 3).

7.2.4 Política focalizada de transferência

Vamos considerar uma política focalizada nos pobres. Isso significa que agentes com uma renda menor ou igual a $\bar{R}$ receberiam uma transferência t. Vamos supor que $w_L^2/\psi < \bar{R}$ de modo que a política distribua t para os indivíduos do tipo L. Seja τ_F a alíquota de impostos nesse caso. A utilidade do agente agora é então dada por

$$
\begin{aligned}
u_H &= \quad w_H e_H \left(1 - \tau_F\right) - \psi \tfrac{e_H^2}{2} \, , \\
u_L &= w_L e_L \left(1 - \tau_F\right) - \psi \tfrac{e_L^2}{2} + t_F \, .
\end{aligned}
$$

As expressões para o esforço ótimo e a renda ótima são similares às equações (7.2) e (7.3) com τ_F no lugar de τ_U. A utilidade é dada por

$$u_H = \frac{w_H^2(1-\tau_F)^2}{2\psi} \quad , \quad u_L = \frac{w_L^2(1-\tau_F)^2}{2\psi} + t_F$$

pois agora o indivíduo do tipo H não recebe transferências. A arrecadação de impostos deve ser tal que

$$\lambda t_F = (1-\lambda)\tau_F \frac{w_H^2(1-\tau_F)^2}{\psi} + \lambda \tau_F \frac{w_L^2(1-\tau_F)^2}{\psi} .$$

O lado esquerdo da equação corresponde ao dispêndio do governo com transferências. O lado direito corresponde à arrecadação de impostos dos indivíduos de tipo H (primeiro termo) e à arrecadação de impostos dos indivíduos de tipo L (segundo termo). Temos então que

$$\tau_F\,(1-\tau_F)^2 = \lambda \frac{\psi t_F}{(1-\lambda)w_H^2 + \lambda w_L^2} . \qquad (7.5)$$

Vemos que o lado direito da equação (7.4) é maior que o lado direito da equação (7.5). A diferença é o termo λ na equação (7.5) e reflete a menor necessidade de arrecadação de impostos por conta de uma menor transferência de recursos. Voltemos ao exemplo em que a renda do indivíduo do tipo H é o dobro da renda do indivíduo L e $\lambda = 1/2$: um imposto que arrecada 4 unidades dos indivíduos do tipo H e, portanto, 2 unidades dos indivíduos do tipo L transfere 6 unidades para cada indivíduo do tipo L. Isso equivale a uma transferência de 4 unidades de cada indivíduo do tipo H para um tipo L (o tipo H paga 4 e não recebe nada e o tipo L paga 2 e recebe 6). Nesse exemplo, uma arrecadação 4 vezes menor e uma política focalizada resultam em uma transferência da mesma magnitude que no caso da política universal de transferência.

O interessante é que a menor necessidade de arrecadação se reflete em maior produto (e maior bem-estar) por conta das menores distorções provenientes da tributação. Note que produto e utilidade dependem negativamente da alíquota do imposto. Quanto maior a alíquota do imposto, maior a distorção proveniente da tributação.

Nos dois casos, há uma distribuição de renda dos mais ricos para os mais pobres. Contudo, a política focalizada taxa todos para distribuir apenas para os mais pobres, o que reduz as distorções da tributação. Quando os tipos são observáveis, a focalização é claramente a melhor política. Contudo, na realidade, podemos observar a renda das pessoas, mas não seus tipos. Passamos agora então para o estudo do modelo quando os tipos não são observáveis.

7.2.5 Redistribuição com tipos não observáveis

Agora, suponha que o governo não observe os tipos H e L. O governo observa apenas as rendas das pessoas. A política de distribuição de renda visa transferir uma quantidade de recurso t para os pobres, de modo que $t = \bar{R} - R_L$. Contudo, os indivíduos escolhem o nível de esforço e, consequentemente, a renda.

7.2.6 Política universal de transferência

Neste caso, a utilidade do agente i é dada por

$$u_i = w_i e_i \left(1 - \tau_U\right) - \psi \frac{e_i^2}{2} + t_U \,.$$

A equação vale para os dois tipos de agente. Assim,

$$e_i = \frac{w_i(1-\tau_U)}{\psi}\ , \quad R_i = \frac{w_i^2(1-\tau_U)^2}{\psi}\ ,$$

$$u_i = \frac{w_i^2(1-\tau_U)^2}{2\psi} + t_U\,.$$

Note que o esforço e a renda são idênticos aos encontrados na seção 7.2.3. Com a política universal de transferência, tipos não observáveis não geram nenhuma outra distorção.

7.2.7 Política focalizada de transferência

Vamos considerar uma política focalizada nos pobres. Novamente, agentes com uma renda menor ou igual a $\bar{R}$ receberiam uma transferência t. Contudo, dado que os tipos não são observáveis, os agentes de tipo H podem escolher trabalhar menos para se tornarem elegíveis ao programa. Dada a hipótese $w_L^2/\psi < \bar{R}$, o problema do indivíduo do tipo L não se altera pois ele estará elegível ao programa fazendo sua escolha ótima.

O agente i do tipo H pode escolher entre participar do programa com renda observável inferior ou igual a $\bar{R}$ ou não participar e escolher e_H como em (7.2). Se quiser participar do programa, sua renda será $\bar{R}$, portanto, o esforço empregado será $\bar{R}/w_H$. Assim, sua utilidade será:

$$u_H = \begin{cases} w_H e_i(1-\tau_F) - \psi\frac{e_i^2}{2} + t_F & \text{se } \ w_H e_i \leq \bar{R} \\ w_H e_i(1-\tau_F) - \psi\frac{e_i^2}{2} & \text{se } \ w_H e_i > \bar{R}\,. \end{cases}$$

A renda e a utilidade do agente como função do esforço estão nas figuras 7.4 e 7.5. A escolha do agente depende dos níveis de $\bar{R}$ e t (e τ_F) estabelecidos pela política do governo. Na figura 7.4, o agente tem uma renda muito alta e escolhe não participar do programa. Na figura 7.5, o agente prefere trabalhar até o ponto que recebe $\bar{R}$ (esse é o ponto em que a função renda cruza a reta $\bar{R}$) e recebe a transferência do governo. A partir daquele ponto, a renda do agente cai (ele não recebe a transferência t), portanto sua escolha é dada pelo que for maior, a utilidade sem a transferência e a utilidade no ponto $\bar{R}$ com a transferência.

Figura 7.4 – Agente escolhe não participar do programa

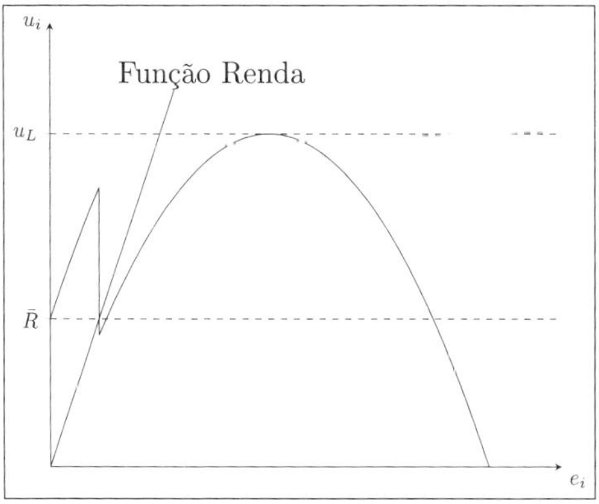

Fonte: Elaboração dos autores.

O primeiro caso não gera ineficiências além das geradas no caso em que os tipos são observáveis. Nesses casos, a focalização é a melhor política.

No segundo caso, contudo, os agentes de tipo H optam por participar do programa. Consequentemente, a política de focalização gera distorções adicionais: além de prover benefícios para todos e, portanto, necessitar de maior arrecadação gerando distorções na alocação de esforço (como no caso da universalização), com a política de focalização os indivíduos de tipo H reduzem ainda mais seus níveis de esforços em comparação com as outras situações vistas.

Figura 7.5 – Agente escolhe participar do programa

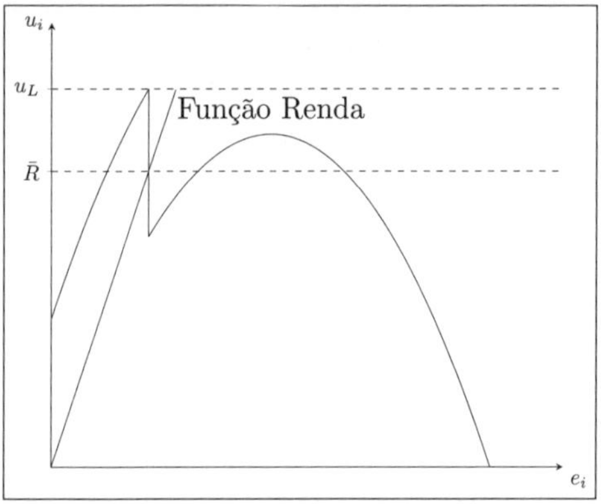

Fonte: Elaboração dos autores.

7.2.8 Discussão

Os programas de transferência de renda visam reduzir a desigualdade. Naturalmente, cada programa necessita de recursos provenientes de impostos, que geram distorções. Isso não significa que os programas não devam existir, mas o desenho dos programas pode afetar diferentemente a eficiência alocativa da economia.

O modelo nos permite concluir que, se os tipos fossem observáveis, a focalização seria a melhor política no sentido de gerar menos distorções: por necessitar de menor arrecadação, a alíquota de imposto é menor e, portanto, gera uma redução menor nos esforços dos indivíduos.

Contudo, sendo os tipos não observáveis, as políticas de focalização podem não ser as melhores. Isso porque os agentes podem ter incentivos para reduzir sua oferta de trabalho com vistas a se tornarem elegíveis à participação no programa.

Para um dado t, se $\bar{R}$ é baixo relativamente à renda dos indivíduos de tipo H (w_H), então a situação da figura 7.4 é a mais provável. Portanto, quando a desigualdade de renda é grande, a focalização tende a ser preferida. Analogamente, para um dado $\bar{R}$, se t é pequeno em relação a w_H, os incentivos para um indivíduo reduzir sua oferta de trabalho a fim de se tornar elegível ao programa também são pequenos, o que favorece as políticas de focalização.

Essa discussão se aplica a programas de distribuição de maneira geral.[35]

7.3 Condicionalidade

Outra discussão de política sobre os programas de transferência de renda envolve o papel das condicionalidades. Há dois aspectos básicos na discussão: (1) como a condicionalidade pode ajudar a selecionar o público que participará do programa; e (2) qual o papel das condicionalidades no alcance de outros objetivos da política de combate à pobreza. Essa seção foca nesse segundo aspecto.[36]

A acumulação de capital humano tem um papel importante na redução de pobreza das futuras gerações.

---

[35] Para um retrato do grau de focalização do Bolsa Família ver Souza et al. (2018). Para evidências sobre incentivos do Bolsa Família à oferta de trabalho ver Firpo et al. (2014).

[36] Para evidências de impactos de condicionalidade ver, e.g., Atanasio et al. (2015) e Barrera-Osorio (2019.

Condicionalidades de programas de transferência de renda podem afetar os incentivos nessa direção.

Considere uma família formada por um adulto e uma criança que maximiza a utilidade (preferências monotônicas e bem-comportadas) de seus membros conjuntamente, na qual o adulto oferta trabalho inelasticamente e a criança aloca seu tempo entre escola e trabalho. Considere, também, que a família atribui valor à frequência escolar. Nesse simples cenário, o problema da família é maximizar sua utilidade $U(R, E)$ escolhendo R (renda total da família) e E (frequência escolar) sujeitos às restrições orçamentária e de tempo:

$$R = R_A + w_c H_c \quad ; \quad T = H_c + E$$

em que R_A é a renda do adulto, w_c é o salário por unidade de tempo que a criança recebe, H_c é a fração do tempo que a criança dedica ao trabalho, E é a fração que ela dedica à escola e T é a dotação total de tempo que a criança tem para dedicar, tanto à escola quanto ao trabalho. Nesse cenário, o problema da família é maximizar:

$$U(R_A + w_c(T - E), E)$$

em relação a E. Logo, a condição de primeira ordem do problema é dada por:

$$\frac{\partial U}{\partial R}(-w_c) + \frac{\partial U}{\partial E} = 0\,.$$

Podemos interpretar essa condição como sendo a igualdade entre a utilidade marginal da renda da criança e a utilidade marginal da frequência à escola, ou seja:

$$UM_R = \frac{UM_E}{w_c}\,.$$

Graficamente, o problema pode ser resolvido em duas situações distintas. A figura 7.6 mostra o caso de solução interior, no qual a escolha ótima da família é dada por um certo tempo E^* de dedicação à escola e um certo tempo de trabalho infantil H_c^*. Já a figura 7.7 ilustra o caso onde a solução de canto é a que prevalece.

Figura 7.6 – Solução interior em que a criança trabalha uma parte do tempo

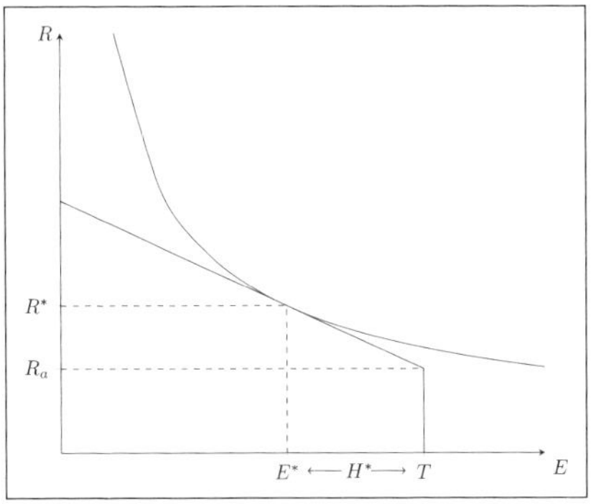

Fonte: Elaboração dos autores.

Figura 7.7 – Solução de canto em que a criança só estuda

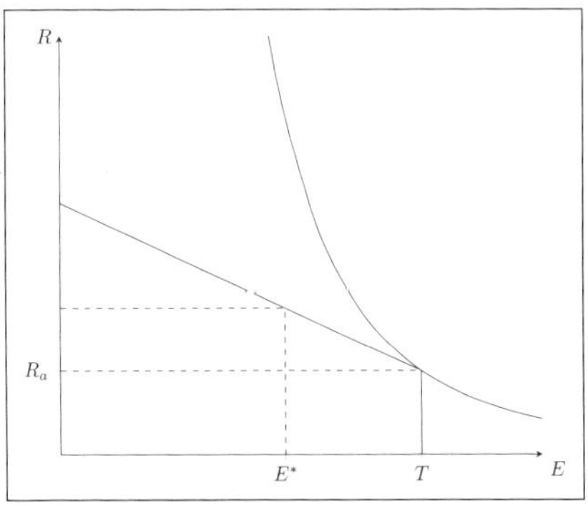

Fonte: Elaboração dos autores.

7.3.1 Bolsa Família

Vamos agora estender o modelo apresentado na seção anterior. Suponha que o governo transfira uma renda B para a família, mas com a condição de que a criança frequente a escola por um tempo mínimo de θ, com $\theta \in [0, 1]$. Nesse caso, R pode ser expresso por:

$$R = \begin{cases} R_A + B + w_c(T - E), \text{se } E \geq \theta T \\ R_A + w_c(T - E), \text{se } E < \theta T . \end{cases}$$

A restrição orçamentária da família mudou. Graficamente, temos agora:

Figura 7.8 – Bolsa Família modifica as escolas

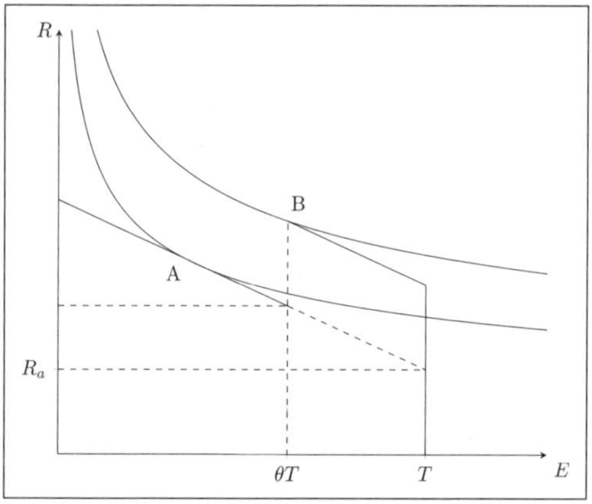

Fonte: Elaboração dos autores.

Note que se, inicialmente, a alocação ótima da família fosse no ponto A, então com a política do governo a alocação ótima da família será uma solução de canto, ilustrada no ponto B.

Modelo com forma funcional para a utilidade

Vamos supor que a utilidade das famílias tenha o seguinte formato:

$$U(R,E) = R^{\alpha} E^{(1-\alpha)} .$$

Modelo Básico

Tirando o ln e substituindo as restrições, temos que a família escolhe E^* que maximiza:

$$\alpha \ln(R_A + w_c(T - E)) + (1 - \alpha) \ln E .$$

Resolvendo, temos que, se houver solução interior,

$$E^* = \frac{(1-\alpha)(R_A + w_c T)}{w_c} .$$

Como E não pode ser maior que T, temos que a solução é dada por:

$$\hat{E} = \min\{T, E^*\} .$$

Bolsa Família

Agora, se $E \geq \theta T$, a família recebe bolsa família B. Se a família escolher não participar do programa e escolher $E < \theta T$, o problema é idêntico ao resolvido anteriormente.

No caso em que $E \geq \theta T$, o problema das famílias se modifica e devemos incorporar essa restrição. Elas escolhem E^* que maximiza:

$$\alpha \ln(R_A + B + w_c(T - E)) + (1 - \alpha) \ln E + \lambda(E - \theta T).$$

Se a restrição é ativa ($\lambda \neq 0$), a solução é $E^* = \theta T$. Mas se a restrição não é ativa ($\lambda = 0$), então a solução é:

$$E^* = \frac{(1-\alpha)(R_A + B + w_c T)}{w_c} .$$

Novamente, temos a restrição $E \leq T$. Além disso, temos que $E \geq \theta T$. Assim,

$$\hat{E} = \max\{\theta T, \min\{T, E^*\}\} .$$

O interessante aqui é que o Bolsa Família modifica a escolha da família mesmo quando a restrição não é ativa. Note que E^* é maior nesse caso que no caso anterior: ao aumentar a renda da família, a transferência de renda aumenta a demanda por escolaridade. A ideia é que se a família já não é tão pobre, o trabalho da criança é relativamente menos valioso, passando a fazer sentido investir mais em sua educação. Como explicado com os gráficos, com a condicionalidade, a família que escolhia $E < \theta T$ pode ou não passar a escolher $E \geq \theta T$.

7.3.2 Extensão: o lazer da criança

Considere novamente que a criança aloca seu tempo entre escola, trabalho e lazer. Mas, agora, a família também valoriza o lazer da criança. Como o problema se modifica? Existem diferenças entre as soluções desse caso e do modelo básico com transferência de renda?

Agora a utilidade das famílias é dada por:

$$U(R, E, L) = R^{\alpha} E^{\beta} L^{(1-\alpha-\beta)} .$$

Modelo Básico

Tirando o ln e substituindo as restrições, sabemos que as famílias escolhem E^* e L^* que maximizam:

$$\alpha \ln(R_A + w_c(T - E - L)) + \beta \ln E + (1 - \alpha - \beta) \ln L .$$

Resolvendo, temos:

$$E^* = \frac{\beta(R_A + w_c T)}{w_c}$$

$$L^* = \frac{(1 - \alpha - \beta)(R_A + w_c T)}{w_c} .$$

Bolsa Família

Novamente, se a família escolhe $E < \theta T$, o resultado é exatamente igual ao modelo básico.

Entretanto, se $E \geq \theta T$, o problema das famílias se modifica mais uma vez. Elas escolhem E^* e L^* que maximizam:

$$\alpha \ln(R_A + B + w_c(T - E - L)) + \\ +\beta \ln E + (1 - \alpha - \beta) \ln L + \lambda(E - \theta T) .$$

Se a restrição é ativa ($\lambda \neq 0$), a solução é dada por $E^* = \theta T$ e $L^* = \frac{(1-\alpha-\beta)\theta T}{\beta}$. Mas se a restrição não é ativa ($\lambda = 0$), então a solução é dada por:

$$E^* = \frac{\beta(R_A + B + w_c T)}{w_c}$$

$$L^* = \frac{(1 - \alpha - \beta)(R_A + B + w_c T)}{w_c} .$$

7.4 Conclusão

Políticas focalizadas necessitam de menor arrecadação, portanto, a alíquota de imposto é menor nesse caso, o que gera menos distorções. Contudo, as políticas de focalização podem ter incentivos para reduzir sua oferta de trabalho com vistas a se tornarem elegíveis à participação nos programas. De modo geral, quando a desigualdade de renda é grande, a focalização tende a ser preferida em programas de transferência de renda.

O Bolsa Família pode ter impactos em termos de eficiência ao afetar as escolhas de trabalho e lazer em uma família. Em particular, condicionalidades impostas às decisões dos pais e das crianças podem reduzir a evasão escolar e aumentar a frequência. Isso é bom? Em princípio, parece que sim. Mas se educação é uma coisa boa para as crianças, por que é preciso impor? É difícil acreditar que os pais se preocupem menos com suas crianças e conheçam menos a realidade delas que estranhos escolhendo políticas públicas. Será que os pais simplesmente não sabem e não podem ser convencidos dos benefícios da educação? É a condicionalidade fruto de um justificado paternalismo estatal?

É bastante plausível que a educação de uma criança gere externalidades positivas para a sociedade. Essas externalidades podem de fato justificar as condicionalidades. Contudo, se for só essa a explicação, a imposição de frequência escolar para a criança não melhora a situação da família que recebe o recurso, mas é um preço que vale a pena ser pago para que se recebam as transferências — ainda que a imposição de frequência escolar mínima para todas as crianças possa ser benéfica para a família por conta das possíveis externalidades.

Não há leis proibindo engenheiros ou médicos de trabalharem em profissões que não requerem qualquer educação recebendo um salário mínimo mensal. Essas leis seriam inúteis, pois as pessoas normalmente escolhem o que é melhor para elas mesmas. Este capítulo não entrou na discussão sobre os motivos pelos quais queremos impor às famílias uma escolha que parece beneficiá-las, mas essa também é uma discussão importante.

Programas de transferência de renda têm recebido atenção da literatura teórica (por exemplo, Gahvazi e Mattos, 2007) e empírica. Que outras questões importantes relacionadas a programas de distribuição não foram consideradas aqui? Que modificações no modelo poderiam trazer lições interessantes?

7.5 Exercícios

1. No modelo da seção 7.3.1, considere que a criança aloca seu tempo entre escola, trabalho e lazer. Como o problema se modifica? Existem diferenças entre as soluções desse caso e do modelo básico com transferência de renda?

2. Suponha que o governo defina uma linha de pobreza $\bar{R}$ tal que $w_L^2/\psi < \bar{R} < w_H^2/\psi$. Seja $w_L^2/\psi < \bar{R}$, de modo que $\bar{R} - w_L^2/\psi = B > 0$. Suponha que o governo possa observar o tipo das pessoas. Encontre τ em função e B. O valor de t é igual a B?

Referências

ATTANASIO, O. P.; OPPEDISANO, V.; VERA-HERNÁNDEZ, M. Should Cash Transfers Be Conditional? Conditionality, Preventive Care, and Health Outcomes. *American Economic Journal*: Applied Economics, v. 7, n. 2, p. 35–52, 2015.

BARRERA-OSORIO, F.; LINDEN, L. L.; SAAVEDRA, J. E. Medium-and long-term educational consequences of alternative conditional cash transfer designs: Experimental evidence from Colombia. *American Economic Journal*: Applied Economics, v. 11, n. 3, p. 54-91, 2019.

CAHYADI, N.; HANNA, R.; OLKEN, B. A.; PRIMA, R. A.; SATRIAWAN, E.; SYAMSULHAKIM, E. Cumulative Impacts of Conditional Cash Transfer Programs: Experimental Evidence from Indonesia. *American Economic Journal*: Economic Policy, v. 12, n. 4, p. 88–110, 2020.

FIRPO, S.; PIERI, R.; PEDROSO, E.; SOUZA, A. P. Evidence of eligibility manipulation for conditional cash transfer programs, *EconomiA*, v. 15, n. 3, p. 243-260, 2014.

GAHVARI, F.; MATTOS, E. Conditional cash transfers, public provision of private goods, and income redistribution, *American Economic Review*, v. 97, n. 1, p. 491-502, 2007.

MILLÁN, T. M.; BARHAM, T.; MACOURS, K.; MALUCCIO, J. A.; STAMPINI, M. Long-term impacts of conditional cash transfers: review of the evidence. *The World Bank Research Observer*, v. 34, n. 1, p. 119-159, 2019.

PARKER, S. W.; TODD, P. E. Conditional Cash Transfers: The Case of Progresa/Oportunidades. *Journal of Economic Literature*, v. 55, n. 3, p. 866-915, 2017.

RIBEIRO, F. G.; SHIKIDA, C.; HILLBRECHT, R. O. Bolsa Família: Um survey sobre os efeitos do programa de transferência de renda condicionada do Brasil, *Estudos Econômicos*, v. 47, n. 4, 2017.

SOUZA, A. P. F. Políticas de distribuição de renda no Brasil e o Bolsa Família. In: BACHA, Edmar Lisboa; SCHWARTZMAN, Simon (Org.). *Brasil*: a nova agenda social. Rio de Janeiro: LTC, p. 166-186, 2011.

SOUZA, A. P.; DUARTE, J., SEMEDO NEVES, J. A.; PORTELA DE OLIVEIRA, P.; RICARDO DE BRITO GADELHA, S. Uma investigação sobre a focalização do Programa Bolsa Família e seus determinantes imediatos. *Economia Aplicada*, v. 22, n. 3, p. 119-148, 2018.

8

Ações afirmativas

Deveríamos destinar algumas vagas nas universidades para estudantes negros ou provenientes de escola pública? Que efeitos têm essas medidas? Devemos nos preocupar com distorções?

Há muito debate acerca dessas questões. No Brasil, a UERJ foi pioneira em ações afirmativas ao direcionar, em 2003, 45% de suas vagas para alunos provenientes da rede pública de educação, estudantes negros e indígenas (Vieira e Arends-Kuenning, 2019). Várias outras universidades logo adotaram políticas similares. Em 2006, 4.5% dos calouros das universidades públicas tinham sido admitidos por quotas. Em 2014, essa fração já havia saltado para 23.7% (Arabage e Souza, 2018). No início, essas ações eram mais focadas em alunos de escolas públicas (Zylberstajn e Souza, 2011), mas em poucos anos a maior parte das universidades já tinham quotas relacionadas à raça (Vieira e Arends-Kuenning, 2019).

Em uma outra política de ação afirmativa, em 2004, a Unicamp passou a adicionar um substancial bônus na nota do vestibular de alunos provenientes das escolas públicas (Estevan et al., 2019). Um dos argumentos utilizados era que os alunos das escolas públicas tinham, em média, desempenho melhor que os alunos de escolas particulares com a mesma nota no vestibular (Pedrosa et al., 2007).

Afinal, ações afirmativas pioram o nível dos alunos que entram na universidade e reduzem os incentivos para os alunos estudarem, como argumentam os críticos? Ou esses efeitos não são importantes, ou vão na direção contrária, como argumentam os defensores das políticas?

Nesse capítulo, usamos o instrumental da economia para pensar sobre essas questões. Os modelos abaixo destacam alguns dos efeitos potencialmente importantes dessas políticas. Como em todos os capítulos deste livro, esses modelos pretendem usar o arcabouço microeconômico para iniciar a discussão. Uma crescente literatura teórica e empírica discute esses e diversos outros efeitos das ações afirmativas — vários dos quais parecem contraintuitivos à primeira vista.

8.1 Modelo

Há dois períodos, um representando a educação no nível fundamental e médio e outro representando a educação de nível superior. O capital humano do indivíduo i ao final do período j é dado por y_i^j, sendo $j \in \{1,2\}$. O aprendizado é representado por uma simples tecnologia de construção de capital humano dada por

$$\begin{aligned} y_i^1 &= I_i^1 + a_i \\ y_i^2 &= I^2 + y_i^1 + \alpha a_i \quad , \text{ sendo } \alpha > 0 \end{aligned}$$

sendo I_i^1 o investimento feito em educação no primeiro período pelo indivíduo i, a_i sua habilidade e I^2 o investimento em educação no segundo período. A habilidade a_i captura características do indivíduo como a motivação para o estudo, suas habilidades inatas etc. Ao final do primeiro período, seu capital humano é positivamente influenciado tanto pelo investimento I_i^1 (por exemplo, ter estudado em uma boa escola) e sua habilidade a_i. Para aqueles que vão à universidade, o capital humano no segundo período depende do capital humano acumulado no primeiro período e da habilidade. Como a universidade é a mesma para todos, não há diferença no investimento no segundo período I_2.

O modelo capta de forma simples a ideia de que as habilidades do indivíduo e o investimento influenciam seu aprendizado em todos os níveis e que o capital humano formado no primeiro período influencia o aprendizado no segundo período.

8.1.1 Modelo básico

Vamos considerar um mundo onde não há heterogeneidade no investimento, que é exógeno, $I_i^1 = I^1$ para todo i, mas há heterogeneidade na habilidade dos indivíduos de modo que $a_i \sim U[0, \bar{a}]$. Vamos supor também que o vestibular é uma medida perfeita do capital humano formado no primeiro período.

Assim, o capital humano dos indivíduos é dado por $y_i^1 = I^1 + a_i$, portanto $y_i^1 \tilde{} U\left[I^1, I^1 + \bar{a}\right]$.

Vamos considerar que o objetivo da universidade seja maximizar o capital humano dos alunos que se formam, que é dado por

$$y_i^2 = I^1 + I^2 + (1 + \alpha)a_i\,.$$

Como a nota do vestibular reflete perfeitamente o capital humano no primeiro período, $y_i^1 = I^1 + a_i$,

$$y_i^2 = I^2 + (1 + \alpha)y_i^1 - \alpha I^1\,.$$

Sendo I^1 e I^2 constantes, maximizar o conjunto dos y_i^2 é o mesmo que maximizar y_i^1. Assim, a seleção pela nota do vestibular acaba por escolher os alunos que gerarão o maior capital humano futuramente.

8.2 Heterogeneidade no investimento

Agora, vamos manter a hipótese de que o vestibular é uma medida perfeita do capital humano formado no primeiro período e que o investimento no primeiro período é exógeno, mas vamos considerar heterogeneidade não só na habilidade mas também no investimento no primeiro período. Assim, $a_i \sim U\left[0, \bar{a}\right]$ e $I_i^1 \sim U\left[0, \bar{I}\right]$. Vamos supor também que o investimento seja perfeitamente observável.

O capital humano dos alunos que se formam agora é dado por:

$$y_i^2 = I_i^1 + I^2 + (1+\alpha)a_i \,.$$

Para escrever essa equação como função somente das observáveis, utilizamos $y_i^1 = I_i^1 + a_i$ e obtemos:

$$y_i^2 = I^2 + (1+\alpha)y_i^1 - \alpha I_i^1 \,.$$

Agora para maximizar o conjunto de y_i^2, a universidade deve considerar não apenas a nota do vestibular (y_i^1) mas também dar um peso negativo $(-\alpha/(1-\alpha))$ ao investimento feito no primeiro período. Note que isso não significa que o investimento atrapalha as chances do aluno. Um investimento maior causa uma nota maior no vestibular. Portanto, considerando dois alunos com a mesma habilidade, aquele com maior investimento será selecionado.

Contudo, considerando dois alunos com a mesma nota do vestibular, aquele com menor investimento deverá ser selecionado, e esse é o ponto desta seção. Por quê? Considere dois alunos que chegaram ao final do primeiro período com o mesmo nível de capital humano. Isso significa que o com menor investimento tem maior habilidade — por ser mais motivado ou mais esforçado, conseguiu o mesmo resultado que o outro com menos investimento. Sendo o investimento no segundo período o mesmo para os dois indivíduos (I_2 é o mesmo pois a universidade é a mesma) e o capital humano inicial o mesmo (refletido na nota do vestibular), a única coisa que os diferenciará será a habilidade.

Assim, nesse caso, uma universidade que busca apenas formar os melhores alunos deve privilegiar aqueles que têm menos investimento I_i^1.

A figura 8.1 ilustra esse efeito. As curvas iso-y_1 mostram os valores de a_i e I_i^1 que levam a um mesmo capital humano ao final do primeiro período (e, portanto, à mesma nota no vestibular). As curvas iso-y_2 mostram os valores de a_i e I_i^1 que levam a um mesmo capital humano ao final do segundo período.

Figura 8.1 – Curvas iso-y_1 e iso-y_2

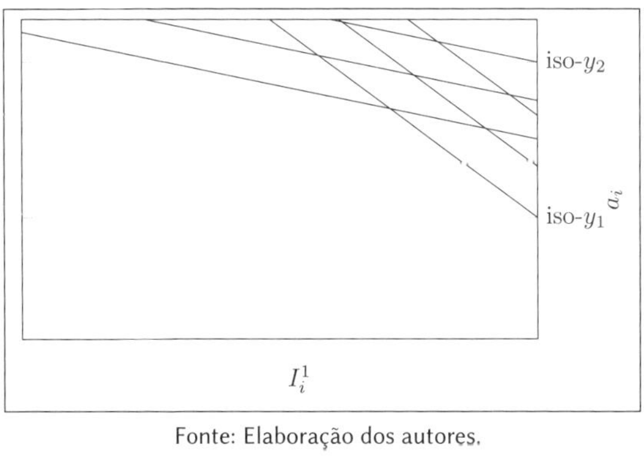

Fonte: Elaboração dos autores.

A escolha pela nota do vestibular equivale a selecionar todos os alunos acima de uma curva iso-y_1. Desta forma, alguns alunos com valor alto de a_i mas investimento relativamente baixo deixarão de ser selecionados apesar de estarem em uma curva iso-y_2 (ou seja, apesar de terem maior potencial como universitários) que alunos com investimento bastante alto mas um valor relativamente baixo de a_i.

8.3 Ações afirmativas

8.3.1 Ajustes na nota do vestibular

Suponha que a universidade escolha de acordo com a nota do vestibular ajustada pelo investimento, ou seja:

$$y_i^A = y_i^1 - bI_i^1 .$$

Para maximizar o conjunto de y_i^2, a universidade deve buscar um critério que mimetiza uma curva iso-y_2. Note que isso ocorre quando:

$$b = \left(\frac{\alpha}{1+\alpha}\right).$$

8.3.2 Cotas

Vamos agora supor que a universidade escolha de acordo com a nota do vestibular, mas estabeleça cotas para alunos com investimento I_i^1 baixo. As cotas podem ser representadas por um número mínimo de vagas para aqueles com investimento menor que $\hat{I}$.

Na figura 8.2, a linha forte mostra a curva iso-y_1 que resultaria de uma escolha baseada apenas nas notas do vestibular, e a área sombreada mostra o resultado de uma escolha influenciada por um sistema de cotas. A área sombreada contém um triângulo e um trapézio: o triângulo da esquerda representa aqueles com investimento inferior a $\hat{I}$ e nota no vestibular superior a uma determinada nota de corte (ou seja, acima de uma certa curva iso-y_1). O trapézio da direita vai de $\hat{I}$ ao valor máximo de I ($\bar{I}$) e representa aqueles com nota no vestibular superior a outra curva iso-y_1 e investimento superior a $\hat{I}$.

Figura 8.2 – Cotas com efeito relativamente pequeno

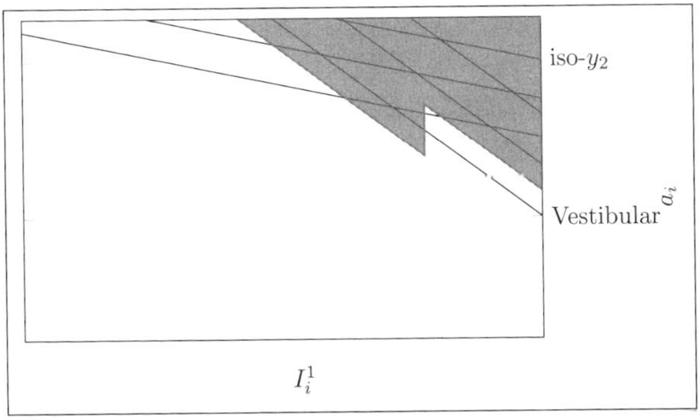

Fonte: Elaboração dos autores.

Com o sistema de cotas, alunos com notas no vestibular mais baixas são aprovados no lugar de alunos com notas mais altas. Na figura 8.2, a área sombreada à esquerda da linha forte representa os alunos aprovados por conta do sistema de cotas que não teriam sido aprovados se o critério único fosse a nota do vestibular. A área branca à direita da linha forte representa os alunos que não foram aprovados por conta do sistema de cotas.

Note que, de modo geral, o sistema de cotas representado na figura 8.2 leva a um conjunto de alunos com y_i^2 maior: os alunos na região sombreada à esquerda da linha forte estão, em média, em uma curva iso-y_2 mais alta que os alunos na região branca à direita da linha forte. Nesse exemplo, o sistema de cotas tem um efeito relativamente pequeno na seleção dos alunos, e é benéfico.

Contudo, o sistema de cotas não leva a uma seleção ótima dos alunos: alguns com investimento I_i^1 bastante baixo mas altos valores de a_i e, portanto, bom potencial para a universidade acabam não sendo selecionados, e alunos com investimento I_i^1 próximos do limite $\hat{I}$ e valores de a_i não tão altos acabam sendo selecionados.

Além disso, o sistema de cotas pode até prejudicar a seleção sob o ponto de vista da universidade que visa maximizar seu conjunto de y_i^2. A figura no exemplo 8.3 retrata um caso onde a restrição imposta pelas cotas é muito grande. O triângulo sombreado da esquerda retrata os alunos com investimento inferior a $\hat{I}$ que foram aprovados por conta do sistema de cotas, e o triângulo da direita representa aqueles que foram aprovados com investimento superior a $\hat{I}$.

Figura 8.3 – Cotas com efeito relativamente grande

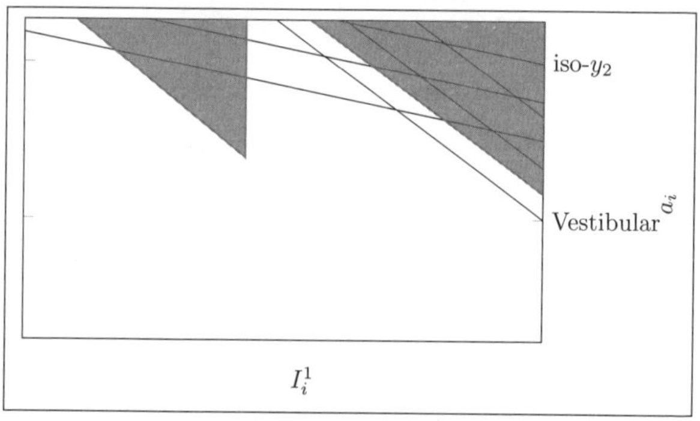

Fonte: Elaboração dos autores.

O modelo não está preparado para afirmações quantitativas: as formas funcionais e as distribuições de investimento e habilidades foram escolhidas para simplificar a exposição, não por realismo. Os dois casos retratados parecem extremos, mas passam bem a intuição sobre os efeitos do sistema de cotas.

Duas conclusões importantes saem deste modelo:

1. Em um caso em que I_i^1 é contínuo, o sistema de cotas é pior que um sistema de ajuste de notas no vestibular por não diferenciar os níveis de investimento dentro de cada categoria (maior que $\hat{I}$ e menor que $\bar{I}$).

2. O sistema de cotas que privilegia aqueles com investimento baixo pode melhorar ou piorar o conjunto de y_1^2. Em geral, um sistema de cotas com efeito relativamente pequeno sobre a seleção tende a ser benéfico (mas influencia pouco) e um sistema de cotas com efeito muito grande tende a ser ruim por deixar de fora vários alunos com bom potencial para a universidade.

8.4 Investimento endógeno

As conclusões até aqui se basearam em um modelo em que o investimento I_i^1 é exógeno. Contudo, em realidade, é possível que um sistema de cotas acabe modificando as escolhas das pessoas. Por exemplo, um sistema que privilegia alunos da escola pública pode acabar modificando as decisões de pais sobre matricularem seus filhos em escolas públicas ou privadas. Vamos então considerar um modelo em que o investimento I_i^1 é endógeno.

Vamos supor que o agente queira maximizar seu capital humano, mas que o investimento I_i^1 seja custoso. Seja

$$
\begin{aligned}
y_i^1 &= I_i^1 + a_i \\
y_i^2 &= (I_i^1 + a_i) + \alpha a_i + I_2 \\
c(I_i^1) &= \theta_i \frac{(I_i^1)^2}{2}
\end{aligned}
$$

sendo $c(I_i^1)$ o custo do investimento I_i^1, e θ_i o custo desse investimento. O parâmetro θ_i varia de pessoa para pessoa e pode ser interpretado como um custo de oportunidade: enquanto algumas famílias precisariam sacrificar muito do bem-estar presente para dar uma educação razoável a seus filhos, outras podem conseguir uma boa educação para seus filhos à custa de um pouco mais de luxo em suas casas (um custo bem mais baixo em termos de utilidade).

Neste modelo, precisamos agora considerar que o resultado do vestibular não é uma medida perfeita de y_i^1. Essa é uma hipótese claramente realista, mas que não foi utilizada nas seções anteriores para manter o modelo simples. Agora, vamos considerar que a nota do vestibular é dada por

$$y_i^V = y_i^1 + \varepsilon_i$$

sendo ε_i um termo de erro com distribuição normal ortogonal a θ_i.

Seja p a probabilidade (endógena) de o aluno ingressar na universidade. O problema é maximizar

$$p\left[(I_i^1 + a_i) + \alpha a_i + I_2\right] + (1-p)\left[I_i^1 + a_i\right] - \\ -\theta_i \frac{(I_i^1)^2}{2} = \left[I_i^1 + a_i\right] + p\left[\alpha a_i + I_2\right] - \theta_i \frac{(I_i^1)^2}{2}.$$

Vamos considerar antes o caso em que a nota de corte no vestibular v não depende nem do investimento nem do tipo. Assim, a probabilidade de o aluno ser aprovado na universidade é dada por

$$\Pr\left(y_i^1 + \varepsilon_i > v\right) = \Pr\left(I_i^1 + a_i + \varepsilon_i > v\right) = \\ = 1 - F(v - I_i^1 - a_i)$$

sendo $F()$ a distribuição cumulativa de probabilidade referente ao erro de medida ε_i. Assim, o problema é maximizar

$$U = \left[I_i^1 + a_i\right] +$$
$$+(1 - F(v - I_i^1 - a_i)) \left[\alpha a_i + I_2\right] - \theta_i \frac{(I_i^1)^2}{2} .$$

A condição de primeira ordem é dada por:

$$1 + f(v - I_i^1 - a_i) \left[\alpha a_i + I_2\right] - \theta_i I_i^1 = 0 . \qquad (8.1)$$

Para referência futura, a condição de segunda ordem é dada por:

$$\frac{\partial^2 U}{\partial \left(I_i^1\right)^2} = -f'(v - I_i^1 - a_i) \left[\alpha a_i + I_2\right] - \theta_i . \qquad (8.2)$$

E assim I_i^1 é implicitamente definido de acordo com a expressão:

$$I_i^1 = \frac{1 + f(v - I_i^1 - a_i) \left[\alpha a_i + I_2\right]}{\theta_i} . \qquad (8.3)$$

O investimento I_i^1 depende, como esperado, do custo de investimento θ_i — quanto maior o custo, menor o investimento. Depende também diretamente da habilidade do estudante a_i, pois um estudante com maior habilidade tem mais a ganhar com a educação de nível superior. Além disso, o esforço depende positivamente de $f(v - I_i^1 - a_i)$. A ideia aqui é a seguinte: o termo de erro ε_i segue uma distribuição normal. Se a chance de o aluno ser aceito na universidade for muito próxima de zero ou muito próxima de 1, $F(v - I_i^1 - a_i)$ será muito próximo de 0 ou 1, e

$f(v - I_i^1 - a_i)$ será um número pequeno: quando a vaga na universidade é um sonho muito distante ou está quase garantida, o vestibular não traz estímulo significativo ao estudo. Por outro lado, quando $F(v - I_i^1 - a_i)$ é próximo de 0.5, temos que $f(v - I_i^1 - a_i)$ é máximo, o aluno tem mais incentivos a estudar, pois um pouco mais de esforço melhora (em média) um pouquinho a nota no vestibular, mas esse pouquinho pode fazer muita diferença.

8.4.1 *Ajuste na nota do vestibular pelo tipo*

Agora, vamos considerar o caso em que a nota de corte no vestibular v é ajustada de acordo com o tipo do indivíduo θ_i, que é observável pela universidade. A nota do vestibular ajustada é dada por

$$\begin{aligned} y_i^A &= y_i^V + g(\theta_i) \\ &= I_i^1 + a_i + \varepsilon_i + g(\theta_i) \end{aligned}$$

sendo $g(\theta)$ o fator de ajuste que a universidade adota para o indivíduo do tipo θ_i. Assim, a probabilidade de o aluno conseguir uma vaga na universidade é dada por:

$$1 - F(v^A - (I_i^1 + a_i + g(\theta_i)))$$

sendo v^A a nota de corte ajustada pelo tipo do indivíduo $g(\theta_i)$. A escolha de I_i^1 maximiza

$$\begin{aligned} &\left[I_i^1 + a_i\right] \\ &+(1 - F(v^A - (I_i^1 + a_i + g\theta_i)))) \left[\alpha a_i + I_2\right] - \theta_i \frac{(I_i^1)^2}{2}. \end{aligned}$$

A condição de primeira ordem é

$$1 + f(v^A - (I_i^1 + a_i + g(\theta_i))) \left[\alpha a_i + I_2\right] - \theta_i I_i^1 = 0.$$

E assim I_i^1 é implicitamente definido de acordo com a expressão:

$$I_i^1 = \frac{1 + f(v^A - (I_i^1 + a_i + g(\theta_i)))\,[\alpha a_i + I_2]}{\theta_i}. \quad (8.4)$$

Comparando essa equação com a expressão em (8.3), há uma diferença importante: o termo $f(v^A - (I_i^1 + a_i + \varepsilon_i + g(\theta_i))$ é diferente do termo em (8.3), pois a nota de corte é ajustada pelo tipo. Agora, é possível que estudantes que atribuíam probabilidade muito pequena ou muito grande para serem aprovados estejam em situação mais incerta — e, nesses casos, esse efeito aumenta os incentivos para o investimento. Mas outros estudantes que tinham muito incentivo para estudar agora podem ter a vaga na universidade quase certa ou quase impossível, e esses terão menos incentivos para o investimento. Esse efeito deve ser positivo para alguns e negativo para outros.

Por exemplo, considere o indivíduo que tenha muito pouca chance de ingressar na universidade sem o ajuste pelo tipo. Dada a distribuição normal, um aumento na probabilidade de entrada leva a um aumento no valor da função f e, consequentemente, a um maior esforço. Por outro lado, para um indivíduo com muita chance de ser aprovado, um aumento na probabilidade de entrada leva a uma redução na função densidade de probabilidade na margem e, consequentemente, a um menor esforço.

8.4.2 Ajuste na nota do vestibular pelo investimento

Agora, vamos considerar o caso em que a nota de corte no vestibular v é ajustada de acordo com o investimento I_i^1. A nota do vestibular ajustada é dada por

$$y_i^A = y_i^1 - bI_i^1 = (1-b)I_i^1 + a_i + \varepsilon_i\,.$$

Assim, a probabilidade de o aluno conseguir uma vaga na universidade é dada por:

$$1 - F(v^A - (1-b)I_i^1 - a_i)$$

sendo v^A a nota de corte antes do ajuste pelo I_i^1 em um sistema em que a nota do vestibular é ajustada pelo investimento. A escolha de I_i^1 maximiza

$$\left[I_i^1 + a_i\right] + \\ +(1 - F(v^A - (1-b)I_i^1 - a_i))\left[\alpha a_i + I_2\right] - \theta_i \frac{(I_i^1)^2}{2}.$$

A condição de primeira ordem é

$$1 + (1-b)f(v^A - (1-b)I_i^1 - a_i)\left[\alpha a_i + I_2\right] - \theta_i I_i^1 = 0.$$

E assim I_i^1 é implicitamente definido de acordo com a expressão:

$$I_i^1 = \frac{1 + (1-b)f(v^A - (1-b)I_i^1 - a_i)\left[\alpha a_i + I_2\right]}{\theta_i}. \quad (8.5)$$

Vamos comparar essa equação com a expressão em (8.4). Como anteriormente, o termo $f(v^A - (1-b)I_i^1 - a_i)$ é diferente do termo em (8.3). Além disso, temos o termo $(1-b)$ multiplicando a função $f()$. Por um lado, o investimento I_i^1 melhora a nota do vestibular, mas, por outro lado, aumenta a nota de corte. Assim, os incentivos para o investimento I_i^1 se reduzem (e quanto maior b, maior o impacto de I_i^1 na nota necessária para aprovação, menor o incentivo para investir).

8.4.3 Cotas de acordo com o tipo

Vamos novamente assumir que θ_i seja observável pela universidade. Em vez de ajustar a nota do vestibular, a universidade pode estabelecer cotas para diferentes perfis de candidatos. Em particular, a universidade pode reservar uma fração das vagas para os candidatos cujo custo de investimento θ_i é mais alto. Vamos considerar o caso em que a reserva de vagas aumenta as chances dos cotistas de entrar na universidade, mas reduz a chance dos não cotistas em comparação com a situação de ausência de cotas, de modo que a nota de corte para cotistas v^C seja inferior a v e a nota de corte dos não cotistas v^{NC} seja superior a v (nota de corte do vestibular na ausência de cotas).

A questão aqui é entender como a alteração das notas de corte afeta as decisões de investimento dos indivíduos. Sob o ponto de vista do indivíduo, o problema é semelhante ao da seção 8.4, com uma nota de corte diferente. Utilizando o teorema da função implícita na condição de primeira ordem em (8.1), temos que:

$$\frac{\partial I_i^1}{\partial v} = \frac{1}{1 + \frac{\theta_i}{f'\left(v - I_i^1 - a_i\right)\left[\alpha a_i + I_2\right]}}. \tag{8.6}$$

Temos então os seguintes casos:

No caso em que o estudante tem altas chances de passar no vestibular ($F\left(v - I_i^1 - a_i\right) < 0,5$), temos que $f'\left(v - I_i^1 - a_i\right) > 0$. Nesse caso, a expressão em (8.6) é positiva. Portanto, uma redução na nota de corte reduz o investimento do cotista (pois $v^C < v$). Da mesma maneira, no caso do não cotista com altas chances de passar no vestibular, o aumento na nota de corte aumenta o investimento I_i^1 (pois $v^{NC} > v$). O efeito pode ser visto na figura 8.4: uma redução da nota de corte corresponde a um deslocamento da curva de benefício marginal para a esquerda (analogamente, um aumento na nota de corte corresponde a um deslocamento da curva de benefício marginal para a direita). Pode-se ver que o cotista com altas chances reduz seu investimento.

Figura 8.4 – Candidatos com altas chances

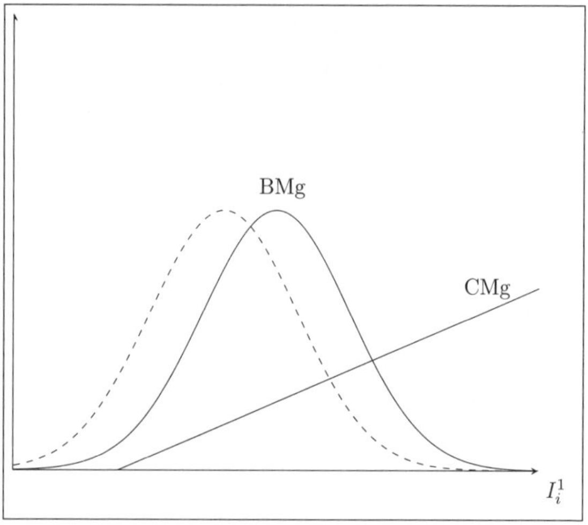

Fonte: Elaboração dos autores.

No caso dos estudantes com altas chances de passar no vestibular ($F\left(v - I_i^1 - a_i\right) > 0,5$), temos que $f'\left(v - I_i^1 - a_i\right) < 0$. Nesse caso, a condição de segunda em (8.2) ordem requer $-f'(v - I_i^1 - a_i)\left[\alpha a_i + I_2\right] < \theta_i$, o que implica que a expressão em (8.6) é negativa. Para o cotista, uma redução na nota de corte implica então um investimento I_i^1 maior, enquanto para o não cotista, um aumento na nota de corte implica um investimento I_i^1 menor. O efeito pode ser visto na figura 8.5: uma redução na nota de corte corresponde a um deslocamento da curva de benefício marginal para a esquerda, e o cotista com baixas chances aumenta seu investimento.

Figura 8.5 – Candidatos com baixas chances

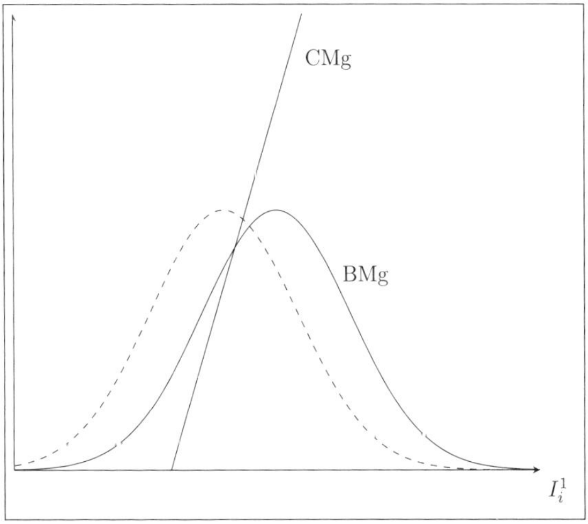

Fonte: Elaboração dos autores.

Em suma, o efeito de cotas baseadas no tipo do agente sobre o investimento é ambíguo: a política aumenta os incentivos para os cotistas que tinham poucas chances e para os não cotistas que tinham muitas chances, mas reduz os incentivos para os cotistas com grande probabilidade de aprovação e para os não cotistas que já não tinham muita chance. Como no caso do ajuste na nota do vestibular, cotas de acordo com o investimento têm o efeito adicional de reduzir incentivos para investimentos que ultrapassem o limite determinado para as cotas.

8.5 Conclusão

Nos modelos vistos aqui, cotas podem ter efeitos positivos em termos de eficiência ainda que, nesses casos, um ajuste na nota do vestibular seja em geral mais eficiente. Contudo, cotas ou ajustes baseados em atributos escolhidos pelos agentes podem ter efeitos negativos importantes por distorcerem essas escolhas. Em particular, políticas favoráveis àqueles com menor investimento privado em educação reduzem incentivos para esse tipo de investimento.

A literatura empírica tem estudado efeitos de ações afirmativas em diversos contextos. Vários dos *trade-offs* considerados por essa literatura foram discutidos neste capítulo, mas outros tantos não foram considerados. Que questões parecem particularmente importantes? Que modificações nos modelos parecem promissoras?

8.6 Exercícios

1. Com base no modelo da seção 8.2, vamos imaginar que, dada a restrição de vagas, apenas 30% dos candidatos que aplicam para o vestibular de uma universidade sejam aprovado. Temos que $a_i, I_i^1 \sim U(0,1)$ para os candidatos do vestibular e que, originalmente, os candidatos eram selecionados pelo valor de y_1, *i. e.*, os 30% alunos com maior y_1 eram selecionados. Houve uma mudança e agora são selecionados os 30% alunos com maiores y_2 depois de terem frequentado a universidade. Qual a diferença de capital humano total dos alunos que aplicaram a essa faculdade devido a essa mudança?

2. Continuando o modelo da questão 1, vamos imaginar que o salário w_i do indiví-

duo é uma função crescente do seu capital humano (y_i^1 caso ele não tenha ensino superior, y_i^2 caso tenha). Vamos supor por simplicidade que $w_i = y_i^j$, $j \in \{1,2\}$. Argumente que, ao introduzir a política afirmativa de ajuste de notas, você pode transferir recursos dos beneficiados pelo programa para os prejudicados pelo programa de modo que ambos estejam melhores do que na situação sem cotas.

Referências

ARABAGE, A.; SOUZA, A. P. Quotas in Public Universities and Labor Outcomes: Evidence for Rio de Janeiro, *Working Paper*, 2018.

ESTEVAN, F.; GALL, T.; MORIN, L. P. Redistribution without Distortion: Evidence from an Affirmative Action Program at a Large Brazilian University, *Economic Journal*, v. 129, p. 1182-1220, 2019.

MELLO, U. Affirmative Action and the Choice of Schools, *Journal of Public Economics*, v. 219, 2023.

______. Affirmative Action, Centralized Admissions and Access of Low-income Students to Higher Education, *American Economic Journal*: Economic Policy, v. 14, n. 3, p. 166-197, 2022.

PEDROSA, R.; DACHS, J; MAIA, R.; ANDRADE, C.; CARVALHO, B. Academic Performance, Students' Background and Affirmative Action at a Brazilian University, *Higher Education Management and Policy*, v. 19, p. 67-86, 2007.

VIEIRA, R. S.; ARENDS-KUENNING, M. Affirmative action in Brazilian universities: Effects on the enrollment of targeted groups, *Economics of Education Review*, v. 73, 2019.

ZYLBERSTAJN, E.; SOUZA, A. P. *Cotas nas universidades e aprendizado escolar*: modelo teórico e evidências empíricas, *Working paper*, 2011.

9

BNDES

Nas últimas décadas, as taxas de juros reais no Brasil têm figurado entre as maiores do mundo. De fato, como mostra a figura 9.1, tínhamos os maiores juros reais do mundo até pouco tempo atrás, e continuamos muito próximos dessa realidade.

Sobre quem incidem esses juros? Será que toda a sociedade enfrenta um mercado de crédito com essa característica?

A resposta é não. O Brasil caracteriza-se por uma forte presença estatal no crédito, especialmente no de longo prazo, por meio do Banco Nacional de Desenvolvimento Economico e Social (BNDES). A figura 9.2 e a tabela 9.1 mostram a evolução do estoque total de crédito (em R$ correntes) no país, por tipo de operações. O gráfico mostra a relevância do crédito direcionado em relação ao total de crédito. Essa relação é hoje cerca de 42%, ou seja, mais de um terço do crédito no país é direcionado pelo governo.

A figura 9.3 mostra a evolução histórica da taxa Selic, referência para a economia como um todo, e da TJLP, a taxa de juros de longo prazo, referência para os empréstimos feitos pelo BNDES. O crédito direcionado é fortemente subsidiado, principalmente por meio de aportes do Tesouro Nacional e dos recursos do Fundo de Amparo ao Trabalhador (FAT).

A figura 9.4 mostra a distribuição do crédito, no ano de 2020, do BNDES, segundo o setor econômico.

Entender os efeitos que os juros subsidiados têm na economia mostra-se, portanto, muito importante.

Figura 9.1 – Juros reais (% ao ano) – países selecionados

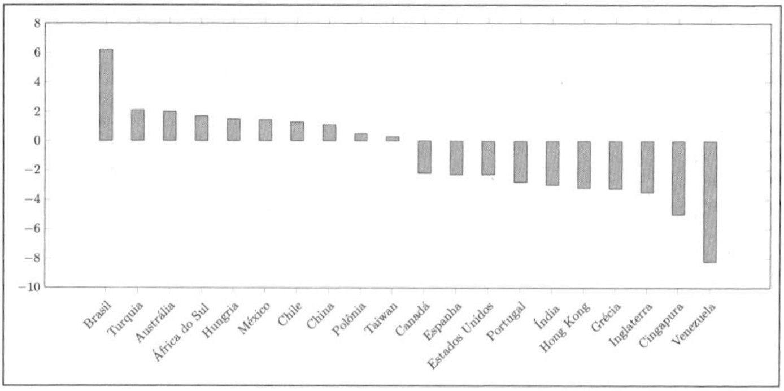

Fonte: Elaboração dos autores.

Figura 9.2 – Crédito direcionado e total no Brasil

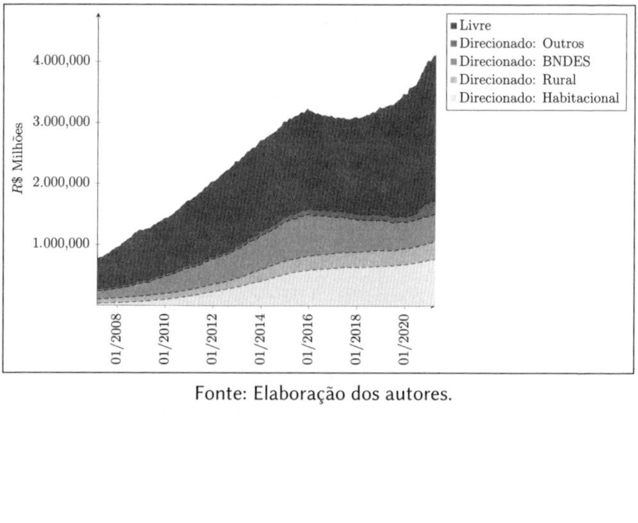

Fonte: Elaboração dos autores.

Figura 9.3 – Evolução das taxas de juros no Brasil

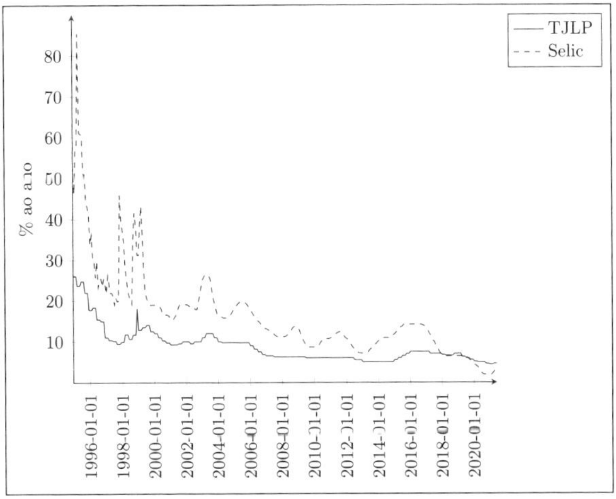

Fonte: Elaboração dos autores.

Figura 9.4 – Participação dos setores da economia nos desembolsos do BNDES (2020)

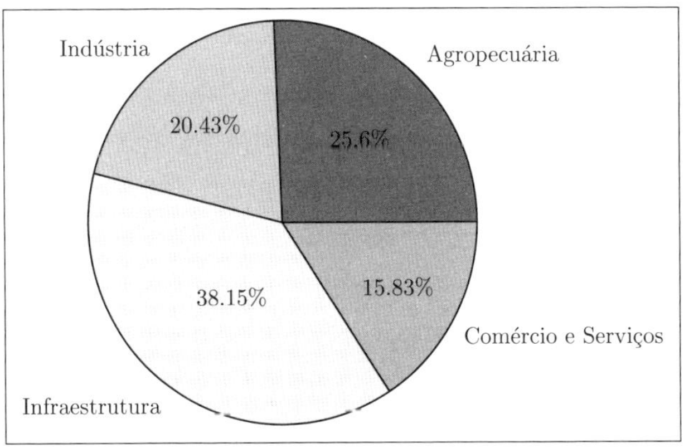

Fonte: Elaboração dos autores.

Tabela 9.1 – Crédito direcionado e total no Brasil

	BNDES		Total de Recursos Direcionados		Total de Crédito	
Data	R$	% Total de crédito	R$	% Total de crédito	R$	% PIB
dez/07	155.120	16%	315.112	33%	942.626	35%
dez/08	206.627	17%	399.410	32%	1.232.600	40%
dez/09	282.207	20%	515.834	36%	1.418.793	43%
dez/10	355.699	21%	654.525	38%	1.710.189	44%
dez/11	418.159	21%	799.587	39%	2.031.228	46%
dez/12	475.871	20%	967.867	41%	2.364.286	49%
dez/13	551.546	20%	1.200.346	44%	2.705.650	51%
dez/14	638.403	21%	1.436.132	48%	3.011.390	52%
dez/15	679.408	21%	1.582.643	49%	3.223.968	54%
dez/16	600.993	19%	1.551.125	50%	3.112.704	50%
dez/17	538.630	17%	1.508.912	49%	3.100.489	47%
dez/18	497.363	15%	1.494.755	46%	3.259.809	47%
dez/19	437.078	13%	1.457.902	42%	3.470.431	47%
dez/20	445.740	11%	1.689.924	42%	4.013.055	54%

Fonte: Elaboração dos autores.

A seguir, apresentamos um modelo simples para tentar entender os efeitos do crédito subsidiado na economia.

9.1 Modelo básico

Vamos começar com a demanda por capital para investimento e poupança.

9.1.1 O problema dos empreendedores

Há na economia N potenciais empreendedores, cada um deles tem um projeto que requer uma unidade de capital investido e retorna $1+x$. A lucratividade do projeto x é uma variável descrita pela função densidade de probabilidade $f(x)$ e distribuição cumulativa de probabilidade $F(x)$.

O empreendedor escolhe investir se o retorno ao investimento é maior que a taxa de juros, ou seja se

$$1+x>1+r\,.$$

sendo r a taxa de juros. A demanda por capital para investimento é igual a $\Pr(x > r) = 1 - F(r)$. A curva de investimento depende negativamente da taxa de juros, como na figura 9.5.

Figura 9.5 – Investimento

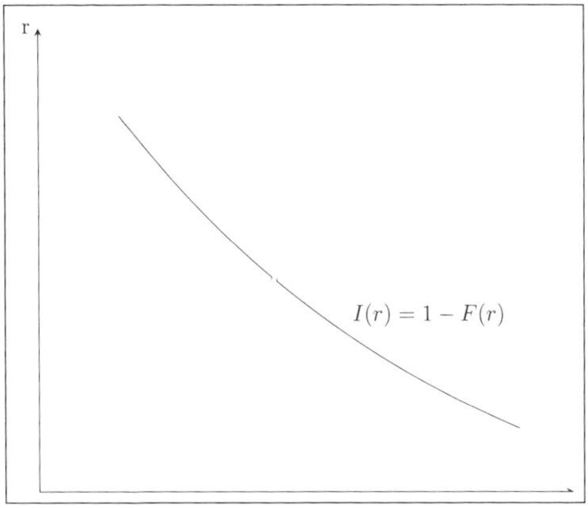

Fonte: Elaboração dos autores.

9.1.2 O problema das famílias

Um agente vive por dois períodos, sua função utilidade é

$$U(c_1, c_2) = \log(c_1) + \beta \log(c_2).$$

sendo c_1 o consumo no período 1, c_2 o consumo no período 2 e β a taxa de desconto. Sua restrição orçamentária no período 1 é dada por

$$c_1 + s = W$$

sendo s a poupança e W sua renda. No período 2, ele consome

$$c_2 = s(1 + r).$$

Substituindo essa equação na restrição orçamentária, obtemos

$$c_1 + \frac{c_2}{1+r} = W$$

e a função utilidade pode assim ser escrita como

$$U = \log\left(W - \frac{c_2}{1+r}\right) + \beta \log(c_2)\,.$$

A condição de primeira ordem de otimização é dada por

$$\frac{c_2}{c_1} = (1+r)\beta$$

e a restrição orçamentária pode ser escrita como

$$c_1 + \beta c_1 = W \Longrightarrow c_1 = \frac{W}{1+\beta}$$

e assim

$$s = W - c_1 = \frac{\beta W}{1+\beta}\,.$$

A poupança não depende da taxa de juros. Por um lado, uma taxa de juros maior incentiva o consumidor a substituir consumo presente por consumo futuro. Por outro, para uma mesma taxa de poupança, a taxa de juros maior aumenta o consumo futuro, e o consumidor tem incentivo para aumentar um pouco o consumo presente, reduzindo um pouco o consumo futuro.

No modelo básico, vamos considerar que a poupança agregada não depende da taxa de juros. Ela é dada por S, uma constante, como na figura 9.6.

Figura 9.6 – Poupança

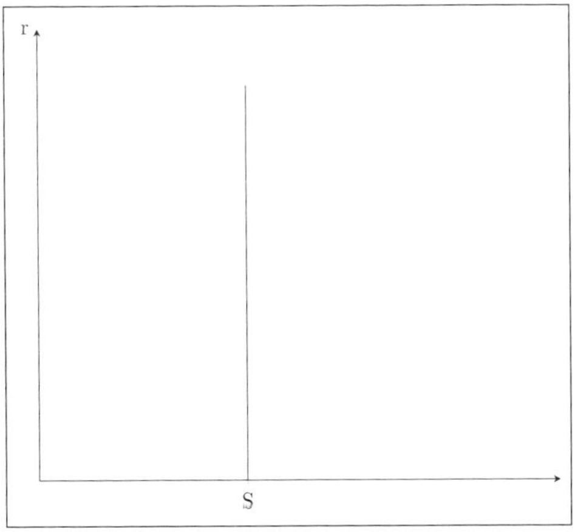

Fonte: Elaboração dos autores.

De fato, de acordo com análises empíricas, a taxa de juros parece ter pouco efeito sobre a poupança.

9.1.3 Equilíbrio de mercado

Vamos supor que a economia seja fechada. Essa hipótese pode parecer estranha, mas considerando o fluxo de capitais entre o Brasil e o resto do mundo, a poupança interna tem papel importante no investimento. Os fluxos de capitais não são assim tão grandes por conta das conhecidas falhas de mercado no mercado de crédito.

Em equilíbrio, o investimento é igual a poupança, $S = I(r^*)$. A taxa de juros na economia será r^*, como mostra a figura 9.7.

Figura 9.7 – Equilíbrio

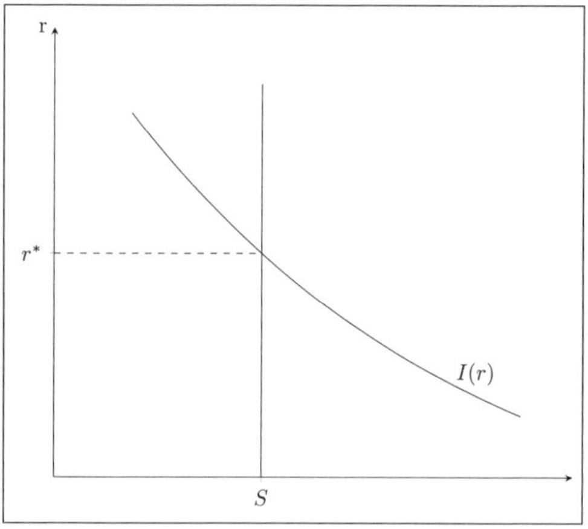

Fonte: Elaboração dos autores.

9.2 O BNDES

Agora vamos supor que o governo empreste dinheiro a uma taxa r^B a alguns agentes com projetos de longo prazo, via uma instituição como o BNDES. A taxa r^B é menor que a taxa de juros de equilíbrio, assim esse crédito é subsidiado. Por ora, vamos desconsiderar da análise o fato de esses subsídios serem financiados com impostos distorcivos.

Nem todos têm acesso ao crédito do BNDES. Digamos que uma proporção α dos investidores tenha acesso ao crédito subsidiado. Vamos considerar que a distribuição de retornos entre os dois grupos de investidores (com e sem acesso ao BNDES) é a mesma. Assim, o investimento total é dado pela soma dos investimentos dos que têm acesso ao crédito subsidiado e dos investimentos dos que não têm acesso:

$$I(r^B, r^O) = \alpha I(r^B) + (1-\alpha) I\left(r^O\right)$$

sendo r^O a taxa de juros de equilíbrio no mercado (para os "outros", os que não pegam do BNDES).

Em equilíbrio,

$$S = \alpha I(r^B) + (1-\alpha) I\left(r^O\right)$$

usando $S = I(r^*)$,

$$\begin{aligned} I(r^*) &= \alpha I(r^B) + (1-\alpha) I\left(r^O\right) \\ (1-\alpha) I(r^*) &= \alpha\left(I(r^B) - I(r^*)\right) + (1-\alpha) I\left(r^O\right) \end{aligned}$$

e assim

$$I\left(r^O\right) = I(r^*) - \frac{\alpha\left(I(r^B) - I(r^*)\right)}{1-\alpha}. \tag{9.1}$$

O investimento para os outros cai. Assim, a taxa de juros para os outros, r^O, é mais alta que a taxa de equilíbrio r^*. A taxa r^O depende positivamente do termo

$$\frac{\alpha\left(I(r^B) - I(r^*)\right)}{1-\alpha}.$$

Assim, r^O é crescente em α, a proporção de empreendedores que têm acesso ao crédito subsidiado, e decrescente em r^B, a taxa de juros dos empréstimos subsidiados.

O efeito do crédito subsidiado pode ser visto nas figuras 9.8 e 9.9.

Figura 9.8 – Equilíbrio com o crédito subsidiado

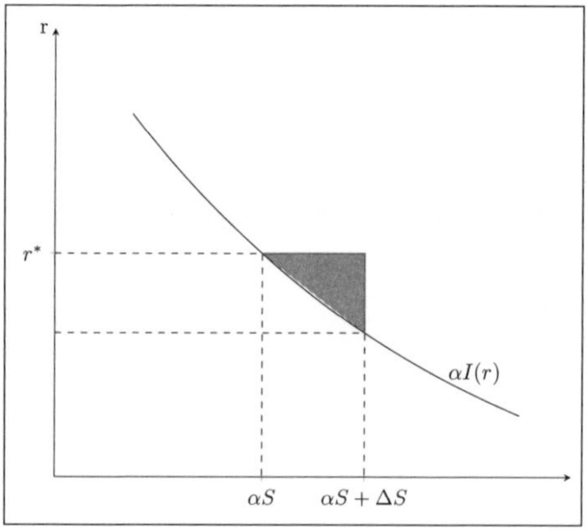

Fonte: Elaboração dos autores.

O mercado de crédito subsidiado utiliza mais que a proporção de seu tamanho da poupança, αS. A diferença, ΔS, é dada por:

$$\Delta S = \alpha I(r^B) - \alpha S = \alpha \left[I(r^B) - I(r^*) \right] .$$

Figura 9.9 – Equilíbrio no mercado de crédito

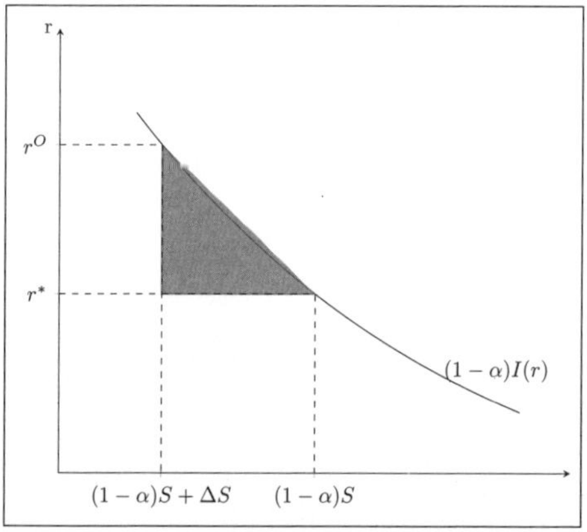

Fonte: Elaboração dos autores.

Assim, a poupança que sobra para os "outros" é dada por

$$S^O = (1-\alpha)S - \Delta S = (1-\alpha)S - \alpha\left[I(r^B) - I(r^*)\right].$$

Impondo o equilíbrio no mercado, obtém-se:

$$(1-\alpha)S - \alpha\left[I(r^B) - I(r^*)\right] = (1-\alpha)I(r^O)$$

usando $S = I(r^*)$ e manipulando, chega-se à equação 9.1.

Conclusões:

- O peso morto é dado pelas regiões sombreadas das figuras. Alguns projetos que rendem mais que r^* não são executados enquanto outros, com retorno menor que r^*, são.
- A taxa de juros de equilíbrio é mais alta que a taxa em um mundo sem crédito subsidiado. Essa diferença é crescente em α e decrescente em r^B.
- Como a poupança é inelástica, o investimento total não se altera com o crédito subsidiado.

9.3 Modelo com dois setores

O problema das famílias é idêntico ao da seção 9.1.2. Consequentemente, o nível de poupança S independe da taxa de juros.

Agora, vamos supor que existam dois setores, A e B. Há na economia N potenciais empreendedores, cada um deles com possibilidade de investir em um dos dois setores, A ou B. Um investidor do tipo (x_A, x_B) tem um projeto que requer uma unidade de capital investido e retorna $1 + x_A$ no setor A e outro projeto que retorna $1 + x_B$ no setor B.

A distribuição de investidores é dada de forma que

$$x_B = \alpha + \beta x_A$$

com $\beta > 0$, o que significa uma correlação positiva entre retornos nos dois setores. Isso pode representar, por exemplo, que algumas habilidades gerenciais do indivíduo são requeridas nos dois setores.

Seja r a taxa de juros de mercado. O empreendedor agora tem três possibilidades: investir no setor A, investir no setor B, e não investir. Sua escolha é dada por

$$\max \{x_A - r, x_B - r, 0\} .$$

Neste caso, o empreendedor que entra no mercado escolhe o setor A se:

$$x_A > x_B .$$

A figura 9.10 ilustra o caso em que $\beta \in (0,1)$. A curva $x_A = x_B$ mostra o lócus de indiferença dos investidores. Note que empreendedores com x_A e x_B inferiores a r não entram no mercado. Os indivíduos abaixo do ponto C na curva de distribuição dos tipos de investidores escolhem não investir. Os indivíduos entre os pontos C e D escolhem investir no setor B e aqueles acima do ponto d investem no setor A. Nesse caso, o setor A reúne os indivíduos com maior produtividade e o setor B aqueles com produtividade mediana.

Figura 9.10 – Caso $\beta \in (0,1)$

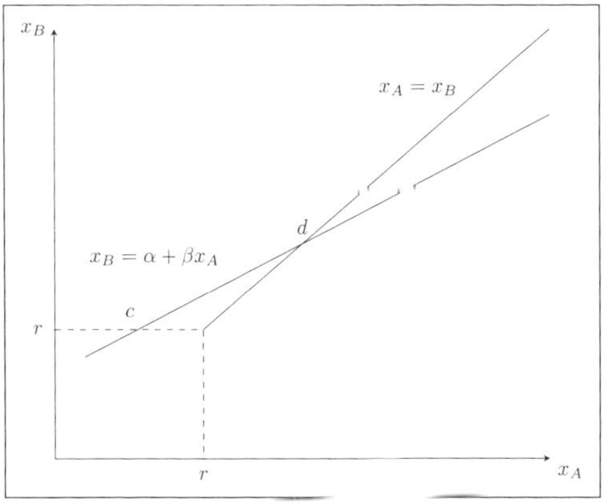

Fonte: Elaboração dos autores.

9.3.1 O BNDES

Agora, considere o modelo em que o BNDES seleciona um setor para estimular os investimentos. Seja B o setor escolhido pelo BNDES para receber empréstimos subsidiados. Agora, o investidor do setor B recebe $x_B - r^B$, em que $r^B < r$ é a taxa de juros do BNDES. Por outro lado, o investidor do setor A recebe $x_A - r^O$, em que r^O é a taxa de juros de mercado por conta do BNDES (portanto, $r^O > r$).

Nesse caso, a escolha do empreendedor é dada por

$$\max \left\{ x_A - r^O, x_B - r^B, 0 \right\} .$$

O empreendedor que entra no mercado escolhe o setor A se:

$$x_A - r^O > x_B - r^B .$$

A figura 9.11 mostra a distribuição de investidores com a intervenção do BNDES. A curva de indiferença é deslocada para a direita e para baixo. A participação no setor B aumenta por duas razões: (i) margem intensiva: alguns empreendedores que estavam ativos no setor A migram para o setor B. Nesse exemplo em que $\beta \in (0,1)$, são os menos do setor A que migram para o setor B e se tornam os mais produtivos daquele setor (esses são os indivíduos localizados entre os pontos d e d'); (ii) margem extensiva: alguns empreendedores que estavam inativos agora migram para o setor B (esses são os indivíduos localizados entre os pontos c e c'). Note, portanto, que a produção no setor A cai e a produção no setor B aumenta. A produtividade média no setor A aumenta e o efeito na produtividade média no setor B é ambíguo.

Figura 9.11 – Intervenção do BNDES

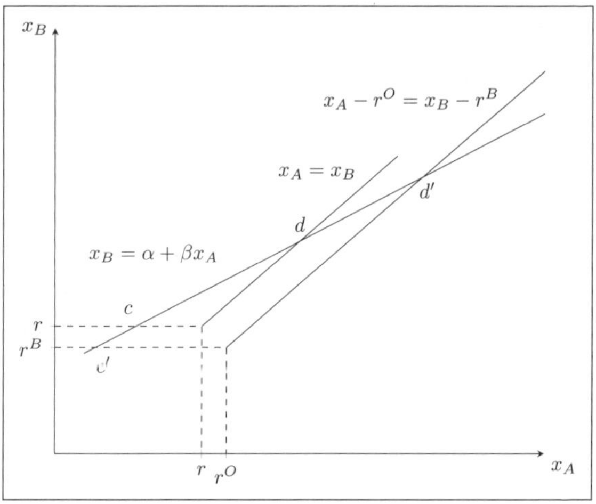

Fonte: Elaboração dos autores.

As duas margens geram importantes distorções na economia. O efeito da margem extensiva é o mesmo que vimos no modelo de um setor: alguns empreendedores com produtividade inferior ao custo de oportunidade da economia como um todo (a taxa de juros de mercado r) passam a investir (com retorno superior a r^B mas inferior a r). A novidade agora é a margem intensiva: alguns empreendedores migram do setor A para o B apesar de gerarem maior produção no setor A em comparação com o que passam a gerar no setor B. Muito embora o retorno desses empreendedores em ambos os setores seja superior a r, há uma perda de peso morto porque o empreendedor gera menos do que poderia na ausência do BNDES.

9.4 Externalidades?

Externalidades poderiam justificar o crédito subsidiado do BNDES? Suponhamos que:

- Alguns projetos geram externalidades importantes. Por exemplo, um dos setores da economia (digamos, o setor B) pode gerar externalidades importantes que o outro setor não gera;
- O governo sabe quais projetos são esses (ou quais setores geram essas externalidades).

Os projetos que geram externalidades teriam retorno $1 + x + \varepsilon$, sendo ε uma externalidade sobre os outros setores da economia. Nesse caso, o governo poderia dar um subsídio para esses projetos, não há necessidade de fazê-lo via mercado de crédito.

Qual o valor de ε que justifica o crédito subsidiado? Vamos supor que ε seja uma constante. O investidor marginal que acessa o crédito do BNDES tem retorno $x = r^B$. O investidor marginal sem esse acesso tem retorno $x = r^O$. Assim, a externalidade precisa ser tal que

$$1 + r^B + \varepsilon > 1 + r^O \Rightarrow \varepsilon > r^O - r^B .$$

No caso do modelo com dois setores, o investidor marginal que acessa o crédito do BNDES tem retorno privado $x^B = r^B$ mas retorno social marginal $r^B + \varepsilon$. O investidor marginal sem esse acesso tem retorno $x^A = r^O$. Assim, a externalidade deve ser tal que $\varepsilon = r^O - r^B$ para que a intervenção não seja ineficiente.

Em suma, a externalidade deve ser do tamanho do diferencial entre as taxas de juros de mercado e do BNDES.[37]

9.5 Conclusões

Subsídios dão recursos para alguns à custa de outros. O crédito subsidiado só é compatível com a eficiência econômica se as externalidades nos setores que recebem o crédito mais barato são importantes o suficiente para compensar a transferência de recursos.

A análise anterior não levou em conta alguns fatores importantes. Em primeiro lugar, o crédito subsidiado precisa ser financiado com impostos distorcivos. Esse é um outro custo importante do crédito subsidiado. As externalidades que poderiam justificar a existência do BNDES precisam, portanto, ser ainda maiores que as obtidas na seção 9.4.

Outro fator importante diz respeito às possíveis distorções nos incentivos das empresas: com a existência do BNDES, garantir um empréstimo subsidiado pode ser mais lucrativo que uma inovação na produção, por exemplo. O problema é que *lobbies* não geram recursos para a sociedade, apenas redistribuem de uns para outros. Des-

[37] Para uma discussão maior sobre o tema, ver Guimarães (2015).

viar os esforços das pessoas da produção para algo como um *lobby* é, portanto, uma outra possível distorção.[38]

Pode-se argumentar que alguns tipos de empresas podem ter mais dificuldades de captar recursos no mercado financeiro privado — falhas no mercado de crédito podem variar de acordo com o setor ou região. Seria esse um caminho para justificar as ações de um banco público como o BNDES? Seja como for, trabalhos empíricos não corroboram a tese de que empréstimos do BNDES são focados nesse tipo de empresa (ver Bonomo al., 2015, e Lazzarini et al., 2015). Ainda assim, há alguma evidência que crédito subsidiado pode aumentar a produtividade de empresas pequenas e médias (Cavalcanti e Vaz, 2017).

Por fim, em alguns casos, crédito subsidiado focado nas populações de baixa renda pode ser usado por questões distributivas. Essa questão é interessante, mas foge do escopo deste capítulo (ver Da Mata e Resende, 2020).

9.6 Questões para discussão

1. Como o formato da curva de investimento influencia o modelo com relação ao impacto do BNDES no investimento total na economia e na taxa de juros?

2. Como o formato da curva de poupança influencia o modelo com relação ao impacto do BNDES no investimento total na economia e na taxa de juros?

[38] Para uma análise empírica sobre o uso político do BNDES, veja Carvalho (2014).

3. Como podemos estimar o impacto do BNDES na taxa de juros? Qual seria r^* se o crédito direcionado não existisse?

4. Estime o valor necessário das externalidades geradas pelos projetos financiados pelo BNDES para que sua ação seja compatível com a eficiência econômica. Compare com outras possibilidades de investimentos públicos.

5. No modelo de dois setores, consideramos o caso em que $\beta \in (0,1)$. Analise graficamente o efeito sobre a escolha dos empreendedores da intervenção do BNDES nos casos:

   (a) $\beta > 1$.

   (b) $\beta < 0$.

6. Agora considere que a distribuição dos retornos x_A e x_B segue uma distribuição conjunta uniforme dentro do retângulo $(1,2)$,$(2,1)$,$(6,5)$,$(5,6)$ nos eixos x_A e x_B. Analise graficamente o efeito sobre a escolha dos empreendedores da intervenção do BNDES e discuta as ineficiências.

Referências

BONOMO, M.; BRITO, R.; MARTINS, B. The after crisis government-driven credit expansion in Brazil: A firm level analysis, *Journal of International Money and Finance*, v. 55, p. 111-134, 2015.

CARVALHO, D. The real effects of government-owned banks: Evidence from an emerging market, *Journal of Finance*, v. 69, p. 577-609, 2014.

CAVALCANTI, T.; VAZ, P.; Access to Long-Term Credit and Productivity of Small and Medium Firms: A Causal Evidence, *Economics Letters* v. 150, p. 21-25, 2017.

GUIMARAES, B. *A Riqueza da Nação no Século XXI*. São Paulo: Bei Editora, 2015.

DA MATA, D.; RESENDE, G., Changing the climate for banking: The economic effects of credit in a climate-vulnerable area, *Journal of Development Economics*, v. 146, n. 102459, 2020.

LAZZARINI, S.; MUSACCHIO, A.; BANDEIRA DE MELLO, R.; MARCON, R. What do state-owned development banks do? Evidence from BNDES, 2002–09, *World Development*, v. 66, p. 237-253, 2015.

10

Spread bancário

ALÉM de figurar entre os campeões mundiais no quesito taxa de juros, o Brasil está há tempos entre os líderes em matéria de *spread* bancário. A margem bruta de intermediação financeira, ou *spread* bancário, decorre da diferença entre as taxas de juros básicas (custo financeiro de captação dos recursos) e as taxas de juros cobradas pelas instituições financeiras (intermediários) para repassar esses recursos aos demais agentes econômicos. Incorporam, aí, tanto a margem de lucro quanto os custos, impostos e o prêmio de risco assumido pelas operações de crédito a empresas e pessoas físicas.

A figura 10.1 mostra a evolução da taxa básica de juros (Selic) e do *spread* bancário (operações prefixadas, pós-fixadas e flutuantes) no Brasil nos últimos anos.

Figura 10.1 – Taxa Selic e *spread* bancário

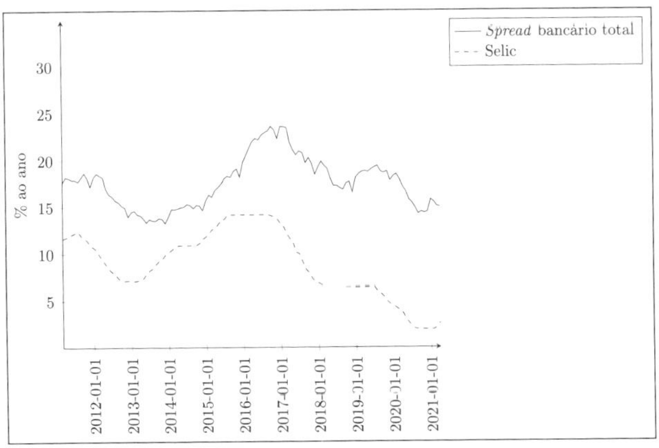

Fonte: Elaboração dos autores.

Enquanto as operações de captação são mais afetas a questões de ordem macroeconômica, relativas à capacidade e necessidades de financiamento do setor público (via, por exemplo, operações de mercado aberto), as operações de crédito (empréstimo) aos demais agentes variam substancialmente de acordo com a modalidade do contrato e as características dos tomadores. Os contratos podem se dar, no caso da pessoa física, por meio de: linhas de crédito pessoal, cheque especial, compra de veículos e de outros bens não imobiliários; e no caso das empresas: desconto de duplicatas e notas promissórias, financiamento de capital de giro, conta garantida, aquisição de bens, *vendor*, ACC (adiantamento sobre contratos de câmbio) e repasses externos. As pessoas físicas são, em regra, submetidas a um *spread* maior, dada a maior expectativa de *default* em comparação às empresas.

A figura 10.2 apresenta a evolução do *spread* bancário consolidado (operações pré-fixadas, pós-fixadas e flutuantes) desde 2011.

As figuras 10.3 e 10.4 apresentam o *spread* bancário cobrado no Brasil e em outros países em 2020 segundo dados do Banco Mundial. Comparações internacionais devem ser feitas sempre com cautela, pois não há garantia de que a metodologia e os critérios de medição em cada país sejam uniformes ou minimamente compatíveis. Além disso, os dados de preço nunca são suficientes para concluir sobre o mercado de crédito em uma economia: um país pode ter um mercado de crédito tão ruim que quase ninguém consegue empréstimos, sem que isso se reflita nas taxas de juros.

Figura 10.2 – Evolução do *spread* bancário

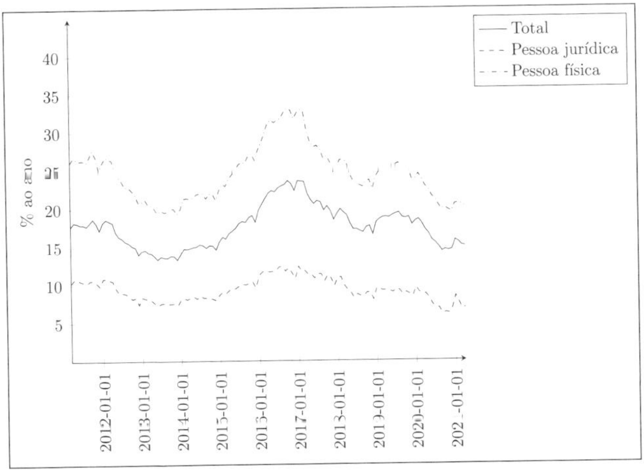

Fonte: Elaboração dos autores.

Figura 10.3 – Os maiores *spreads* bancários do mundo

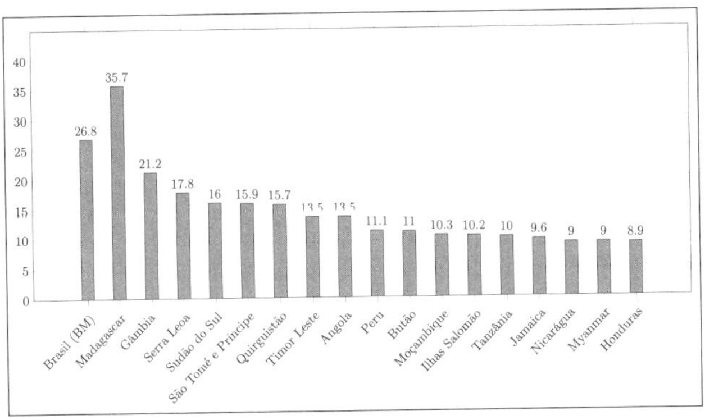

Fonte: Elaboração dos autores.

Ainda assim, a realidade dos dados não pode ser ignorada. Seja em comparação com as principais economias emergentes, seja em relação aos demais países que convivem com *spreads* elevados, o Brasil se destaca: enquanto o *spread* médio no Brasil era de 26,8% ao ano em 2020, em Cingapura esse valor era de 5,1%, no México, 4,9% e na Malásia, 2%. Mesmo se utilizarmos os dados do Banco Central na tabela 10.1, em que o *spread* brasileiro está na casa dos 12%, ainda assim nosso país estaria entre os 10 maiores *spreads* do mundo e seria o maior entre os países emergentes.

Figura 10.4 – *Spread* bancário em países emergentes

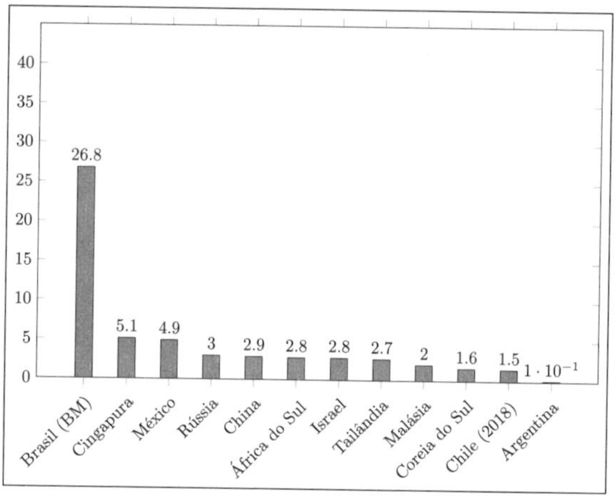

Fonte: Elaboração dos autores.

Qual o grande problema de convivermos com um *spread* elevado? O custo elevado do crédito e do financiamento limita a disponibilidade e o acesso a recursos tanto a consumidores quanto às empresas, que veem comprometida sua capacidade de investir e de arcar regularmente com suas obrigações. Entender as causas desse fenômeno torna-se, portanto, fundamental em qualquer discussão sobre o futuro da economia brasileira.

O *spread* bancário pode ser decomposto em diversos fatores, incluindo: margem líquida dos bancos, impostos diretos e indiretos,[39] custos administrativos,[40] despesas com inadimplência,[41] depósitos compulsórios,[42] subsídios cruzados, entre outros.

Tabela 10.1 – Componentes do *spread* bancário

Discriminação	2016	2017	2018	2019	2020
Taxa de Aplicação (p.p.)	20.52	20.26	19.15	19.16	17.07
Taxa de Captação (p.p.)	8.15	7.50	6.82	6.28	5.24
Spread Total (p.p.)	12.37	12.76	12.33	12.88	11.83

1 - *Spread* Total (%)	100	100	100	100	100
2 - Custo Administrativo	24.23	25.55	29.88	29.60	29.25
3 - Inadimplência	38.57	38.27	33.93	31.16	30.60
4 - Tributos e FGC	22.79	22.13	19.60	18.88	20.29
5 - Margem financeira	14.41	14.04	16.60	20.36	19.86

Fonte: Bacen.

A tabela 10.1 mostra uma decomposição elaborada pelo Banco Central do Brasil do *spread* bancário em seus componentes. De acordo com essa decomposição, em 2020, o elemento de maior peso no *spread* é a inadimplência (30,6%), seguida de perto pelos custos administrativos (29,3%). Em terceiro, aparecem os impostos e encargos da intermediação financeira (20,3%). Essa decomposição indica que estes componentes explicam boa parte do *spread* brasileiro.

[39] Inclui tributos indiretos, como IOF, PIS, Cofins e ISS, além do Imposto de Renda e da Contribuição Social sobre o Lucro Líquido.

[40] Custos com os insumos utilizados pela indústria bancária: capital físico, trabalho, recursos operacionais e depósitos.

[41] Incorpora prêmio de risco associado à expectativa de inadimplência pelos ofertantes de crédito.

[42] Custo de oportunidade incorrido pelos bancos por deixar parte dos depósitos à vista e a prazo depositados no Banco Central.

Resta, contudo, a pergunta: por que o Brasil tem esse *spread* tão alto? Podemos considerar as seguintes razões:

1. Baixa concorrência no setor bancário (a estrutura oligopólica do setor encareceria o preço do dinheiro/crédito, via poder de mercado);
2. Assimetria de informação e falta de garantias para quem empresta, resultando em um maior prêmio de risco associado às operações de empréstimo (inadimplência). Apenas em 2013 o cadastro positivo e a portabilidade do crédito passaram a fazer parte da discussão, mas são iniciativas que engatinham ainda;
3. O peso da cunha fiscal sobre o setor bancário, com impacto sobre os custos e despesas das intermediações financeiras;
4. As operações de crédito direcionadas (com *spread* menor) podem exigir a compensação com *spread* mais alto nas operações livres;
5. Os recolhimentos compulsórios, pois parte importante dos recursos de seus clientes fica depositada, sem remuneração, no Banco Central. Os bancos podem tentar recompor a margem de lucro por meio das demais operações de crédito.

Segundo a Federação Brasileira de Bancos (Febraban), a redução do *spread* bancário depende, em grande medida, da estabilidade do ambiente macroeconômico (responsabilidade fiscal, política monetária, câmbio e controle inflacionário), dos ganhos de eficiência e escala em função da evolução no volume das operações de crédito e avanços no marco regulatório do setor. No longo prazo, a federação espera que a desoneração fiscal, a redução dos compulsórios e a queda dos custos administrativos reduzam os *spreads*.[43]

Afinal, como podemos trabalhar algumas dessas hipóteses para justificar a liderança brasileira neste tema e, com isso, trabalhar em torno de soluções para resolvê-lo?

10.1 Modelo básico

Vamos então estudar um modelo para entender o impacto da concorrência e das garantias no custo do empréstimo e na incidência de *default*. Começaremos com um modelo de um banco monopolista, sem garantias de pagamento de empréstimo. Em seguida, adicionaremos sucessivamente a hipótese de concorrência perfeita nesse mercado, e a existência de garantias para os empréstimos.

Há um único banco (neutro ao risco) e um contínuo de agentes. Os agentes têm uma dotação inicial Y_1 (constante) e podem investir em uma tecnologia que requer um investimento D (constante) e gera posteriormente retorno K. O banco empresta D a uma taxa bruta de juros R (escolhida endogenamente) e tem custo de captação de recursos igual à taxa bruta r.

A sequência de eventos é a seguinte:

1. O banco anuncia a taxa bruta de juros R;
2. Os agentes observam R e escolhem tomar ou não emprestado;
3. Os agentes escolhem pagar a dívida ou não.

Os agentes são heterogêneos quanto ao custo de *default*, dado por γD, em que γ segue uma distribuição uniforme no intervalo $[0, \bar{\gamma}]$. O tipo do agente γ é conhecido

[43] Disponível em: https://bit.ly/3PwStaH. Acesso em: 19 maio 2023.

pelo agente mas não é observável pelo banco. Esse custo de *default* capta os custos legais e as dificuldades futuras advindas de ter um nome sujo no mercado de crédito.

Por simplicidade, a utilidade do agente é linear. Há, portanto, três possibilidades: o agente escolhe não tomar emprestado e, portanto, não investir, de modo que:

$$u = Y_1$$

ou o agente toma emprestado e paga sua dívida,

$$u = Y_1 + K - RD$$

ou toma emprestado e não paga a dívida.

$$u = Y_1 + K - \gamma D\,.$$

Para analisar a situação em que todos os agentes preferem tomar empréstimos, fazemos a hipótese que $K > \bar{\gamma}D$.

10.1.1 *Equilíbrio*

Para resolver o modelo, começamos pelo último período. O agente que tomou emprestado escolhe pagar sua dívida se

$$Y_1 + K - RD \geq Y_1 + K - \gamma D$$

ou seja, se

$$R \leq \gamma\,.$$

Portanto, para um dado R, a proporção de agentes que paga a dívida é dada por

$$\left(\frac{\bar{\gamma} - R}{\bar{\gamma}}\right).$$

O banco monopolista escolhe R de acordo com seus interesses de maximizar lucro, ou seja, maximiza o lucro esperado dado por

$$\left[\left(\frac{\bar{\gamma}-R}{\bar{\gamma}}\right)R-r\right]D. \tag{10.1}$$

A condição de primeira ordem resulta em:

$$R_M=\frac{\bar{\gamma}}{2}$$

e o lucro do monopolista é dado por

$$\left[\frac{\bar{\gamma}}{4}-r\right]D.$$

Portanto, se $\bar{\gamma} < 4r$, o lucro do banco seria negativo e não haveria crédito nessa economia. Caso contrário, a taxa de juros é dada por $\bar{\gamma}/2$, todos pegam empréstimos (por hipótese), o valor total de crédito *per capita* é D e metade dos agentes não paga as dívidas.

Note que a taxa de juros R_M é crescente em $\bar{\gamma}$, ou seja, se as pessoas tem um custo maior para dar *default*, a taxa de juros é mais alta! Esse resultado é bastante contraintuitivo e depende de uma hipótese forte do modelo: ao assumir que $K > \bar{\gamma}D$, estamos assumindo que os agentes querem tomar emprestado de qualquer maneira, mesmo que tivessem que pagar taxas de juros extremamente altas, tão altas que o banco jamais escolheria pois geraria *default* em toda a economia.

No modelo, o banco poderia cobrar $R = K/D$, e todos os agentes tomariam emprestado (estariam indiferentes entre tomar ou não emprestado). O problema é que ninguém pagaria depois. O banco monopolista escolhe então uma taxa de juros que faz com que uma parte maior das pessoas pague suas dívidas.

Em realidade, juros altos não só reduzem os incentivos para o repagamento como também reduzem os incentivos para bons pagadores contraírem dívidas. Ao assumir que $K > \bar{\gamma}D$, estamos desconsiderando esses efeitos, que podem em princípio alterar as conclusões do modelo. Ainda assim, o resultado desta seção mostra que o banco monopolista não necessariamente reduz a taxa de juros quando o custo do calote é maior.

10.2 Competição bancária

Vamos considerar que há vários bancos na economia, que competem nesse mercado oferecendo diferentes taxas de juros. Os agentes escolhem o banco com a menor taxa de juros (ou aleatoriamente se indiferentes). Todos os bancos captam recursos à mesma taxa bruta de juros r e, em todos os outros aspectos, o problema é igual ao anterior.

Vamos caracterizar o equilíbrio perfeitamente competitivo. O lucro econômico puro dos bancos é dado por

$$\left[\left(\frac{\bar{\gamma}-R}{\bar{\gamma}}\right)R - r\right]D.$$

Com competição perfeita, esse lucro é zero e, portanto, temos que:

$$-R^2 + \bar{\gamma}R - r\bar{\gamma} = 0\,. \tag{10.2}$$

Há dois valores de R que satisfazem essa equação, mas com competição perfeita os bancos vão oferecer a menor taxa para ganhar o cliente dos outros bancos. Nessa competição entre eles, o equilíbrio se dá na menor taxa de juros que permite um lucro não negativo. Assim, a taxa de juros de equilíbrio é dada pela menor das raízes desta equação:

$$R_C = \frac{\bar{\gamma} - \sqrt{\bar{\gamma}^2 - 4\bar{\gamma}r}}{2}.$$

Note que a condição para um banco monopolista ter lucros positivos é que $\bar{\gamma} > 4r$. Assim, o termo dentro da raiz é positivo e temos que $R_C < R^*$. A competição reduz o *spread* cobrado pelos bancos e, consequentemente, diminui as taxas de *default* pois todos continuam tomando emprestado, e pagam a dívida todos aqueles que tem:

$$R_C \leq \gamma .$$

Como a taxa de juros $R_C < R^*$, a fração dos pagadores é maior que anteriormente.

Mais interessante, vemos que a taxa de juros agora é decrescente em γ: se o custo de *default* é em média mais alto, a taxa de juros será menor. Esse efeito pode ser visto na figura 10.5 que mostra a curva de lucro (equação (10.1)) para dois valores de $\bar{\gamma}$. Um valor maior de $\bar{\gamma}$ faz com que as pessoas tenham em média um custo maior para dar *default*. Assim, para um dado R, o lucro do banco é maior, pois há menos *default*. O monopolista tem o incentivo de aumentar a taxa de juros R, dado que isso agora não leva a um aumento tão grande na taxa de *default*. O valor de R_M cresce com $\bar{\gamma}$.

Contudo, a concorrência perfeita leva o lucro para próximo de zero. Assim, um maior valor de $\bar{\gamma}$ aumentaria o lucro dos bancos, e a concorrência faz com que a taxa de juros R caia e esse lucro se reduza. Como mostra a equação (10.2), um valor maior de $\bar{\gamma}$ aumenta o valor da função lucro (que é proporcional a $-R^2 + \bar{\gamma}R - r\bar{\gamma}$) pois

$R > r$ (caso contrário o banco teria prejuizo por conta da inadimplência).

Figura 10.5 – Efeito de um aumento em $\bar{\gamma}$

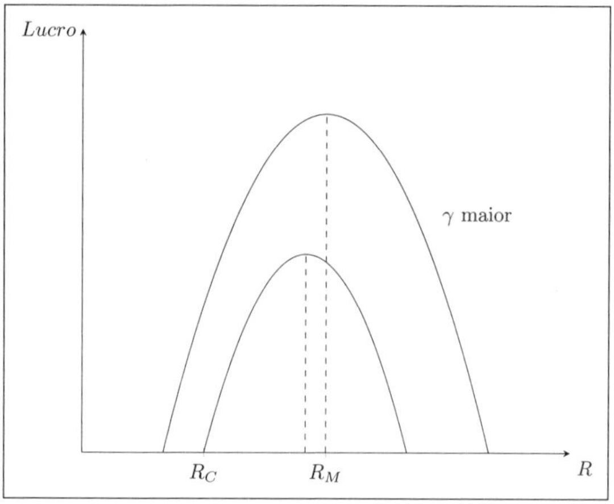

Fonte: Elaboração dos autores.

O ponto desta seção é que um aumento no custo de inadimplência (aumento de $\bar{\gamma}$) reduz de fato os juros quando há bastante concorrência no setor bancário — diferentemente do que vimos na seção na qual um banco tinha o monopólio. Note, então, que a interação entre altos custos para *default* e concorrência no setor bancário leva a taxa de juros menores.

10.3 Garantias

Agora, vamos adicionar garantias aos empréstimos: o banco consegue garantidamente recuperar uma proporção c da dívida D. Um exemplo desse tipo de garantia é o crédito consignado, no qual o pagamento do empréstimo sai direto da folha de pagamento do devedor para o banco. O parâmetro c pode ser interpretado como o grau de garantia atrelado ao empréstimo. Em todos os outros aspectos, o modelo é idêntico ao anterior.

Nesse caso, o agente que toma emprestado e paga sua dívida tem utilidade

$$\begin{aligned} u &= Y_1 + K - cD - (RD - cD) \\ &= Y_1 + K - RD \end{aligned}$$

como anteriormente, ou toma emprestado e apenas paga a parte garantida (cD), incorrendo, como anteriormente, em custos de *default*, de modo que:

$$u = Y_1 + K - cD - \gamma D\,.$$

Agora, o agente que tomou emprestado escolhe pagar sua dívida se

$$R - c \leq \gamma\,.$$

Portanto, para um dado R, a proporção de agentes que paga a dívida é dada por

$$\left(\frac{\bar{\gamma} - (R - c)}{\bar{\gamma}}\right)\,.$$

A condição de lucro zero é dada por

$$\left[\left(\frac{\bar{\gamma} - (R - c)}{\bar{\gamma}}\right) R - r\right] D = 0\,.$$

Portanto, temos que:

$$R^2 - (\bar{\gamma} + c)R + r\bar{\gamma} = 0\,. \qquad (10.3)$$

Como anteriormente, a taxa de juros de equilíbrio é dada pela menor das raízes dessa equação e, assim:

$$R_{CG} = \frac{(\bar{\gamma} + c) - \sqrt{(\bar{\gamma} + c)^2 - 4\bar{\gamma}r}}{2}\,.$$

Como comparamos R_{CG} e R_C? Note que ambos R_{CG} e R_C são as menores raízes de equações quadráticas, como na figura 10.6.

Figura 10.6 – Efeito das garantias no juro

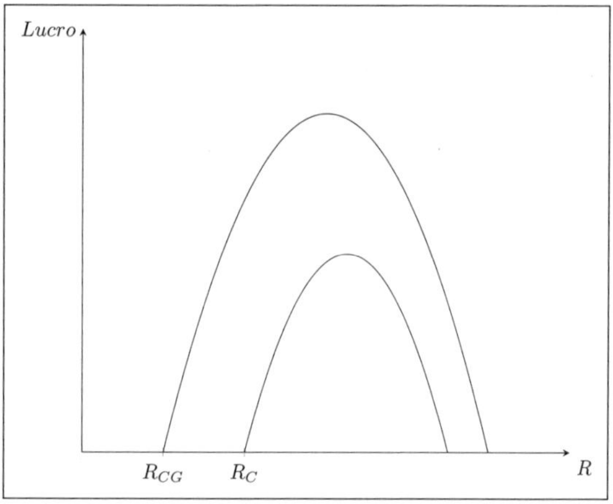

Fonte: Elaboração dos autores.

Note que a diferença entre as equações (10.2) e (10.3) é o termo $-cR$ na equação para R_{CG}. Assim, a forma quadrática em (10.3) está sempre abaixo da forma quadrática em (10.2) e, portanto,

$$R_{CG} < R_C\,.$$

Como anteriormente, todos os agentes tomam recursos emprestados do banco, mas agora a taxa de juros é menor ainda por conta das garantias oferecidas pelos clientes, que fazem com que (1) o *default* seja menos custoso para o banco e (2) ocorram menos casos de *default*. Sendo menores os custos com *default*, é menor também a taxa de juros no equilíbrio competitivo.

10.4 Discussão

Neste modelo, o produto da economia não se altera com a taxa de juros porque, por hipótese, $K > \bar{\gamma}D$ e, portanto, todos tomam recursos emprestados e geram produto K. Contudo, a incidência de *default* gera uma perda de bem-estar pois cada indivíduo que não paga sua dívida tem o custo γD. Assim, a perda de utilidade total na economia por conta do *default* é dada por

$$\int_0^{\gamma^*} \frac{1}{\bar{\gamma}}\gamma D d\gamma = \frac{(\gamma^*)^2 D}{2\bar{\gamma}}$$

sendo γ^* o valor mínimo de γ que leva ao pagamento da dívida. Quanto menor γ^*, menor a perda de utilidade.

10.5 Evidência empírica

Ao final de 2003, foi instituída uma nova modalidade de crédito no Brasil, o crédito consignado. O pagamento dos empréstimos consignados é descontado diretamente da folha de pagamento da empresa ao funcionário. Ao retirar do devedor a opção de não pagar, o crédito consignado efetivamente amarra as mãos dos devedores.

Se os altos *spreads* bancários no Brasil se devem principalmente à pouca competição no setor bancário, essa nova modalidade de crédito não deve ter gerado grandes mudanças no mercado brasileiro. Por outro lado, se a falta de garantias ao credor tem papel importante na explicação, o crédito consignado deve reduzir juros e aumentar o volume de crédito.

Os números sugerem que o crédito consignado reduziu enormemente o custo de se tomar dinheiro emprestado no Brasil para quem tem um emprego formal. Em julho de 2007, a taxa média de juros de empréstimos consignados era 2,28% ao mês, enquanto a taxa média de juros de outros tipos de crédito pessoal era 4,27% ao mês. Além dessa enorme diferença nas taxas de juros, a quantidade de empréstimos concedidos a pessoas físicas aumentou muito com o crédito consignado.

Empiricamente, é importante tentar distinguir o impacto do aumento no volume de empréstimos por conta do crédito consignado de outros fatores que possam também ter contribuído para aumentar o volume de crédito. Além disso, é importante entender se o crédito consignado apenas reduziu os juros para alguns e aumentou para outros, ou se de modo geral os juros de fato caíram.

O problema é que é difícil separar os efeitos. O trabalho de Arrigoni, De Mello e Funchal (2012) estuda essa questão com uma estratégia de identificação interessante: eles comparam o que aconteceu no mercado de crédito pessoal com o mercado de crédito para compras de automóveis, que não foi alterado pela medida do crédito consignado. Se a hipótese de falta de garantias está correta, a taxa de juros no crédito pessoal deveria cair relativamente à taxa de juros cobrada nos financiamentos de automóveis, e o volume de crédito pessoal deveria subir mais que o volume de financiamento de automóveis. Eles mostram que é isso mesmo o que acontece.

10.6 Conclusões

O modelo mostrou que poder de mercado e falta de garantias podem explicar os altos *spreads* bancários, mas que a interação entre competição e altos custos para *default* contribui para juros menores. A importância de cada um deles para o caso brasileiro é uma questão empírica.

Os últimos dois capítulos focaram no mercado de crédito e nas taxas de juros de equilíbrio. Vimos no modelo que políticas que tentam reduzir os juros para alguns levam a juros maiores para outros, consideramos diversos fatores que podem resultar em taxas de juros altas, e discutimos políticas públicas para os mercados de crédito. Que fatores importantes poderiam ser incluídos na análise?

10.7 Exercícios

1. Considere que a demanda por crédito em uma economia seja dada por D/R^2, sendo D uma constante positiva e R a taxa de juros cobrada pelos bancos. Os bancos captam recurso a uma taxa bruta de juros r. A taxa de inadimplência é exógena, uma fração $\phi \in [0,1]$ dos empréstimos é paga.

   (a) Escreva a função lucro dos bancos.

   (b) Considere que exista apenas um banco monopolista nessa economia. Qual a taxa de juros de equilíbrio R? Como a taxa de juros depende de ϕ?

   (c) Considere que exista competição perfeita entre os bancos. Qual a taxa de juros de equilíbrio R? Como a taxa de juros depende de ϕ?

   (d) No modelo visto em aula, a demanda por crédito era exógena e a inadimplência era endógena. Há alguma diferença na relação entre inadimplência e juros nesse modelo no caso de monopólio? Explique a intuição. Há alguma diferença na relação entre inadimplência e juros nesse modelo no caso de competição perfeita? Explique a intuição.

Referência

ARRIGONI, C.; DE MELLO, J.; FUNCHAL, B. The Brazilian payroll lending experimente. *Review of Economics and Statistics*, 2011.

11

Proteção à indústria nacional

De tempos em tempos, aparecem nos jornais notícias ou discussões sobre propostas que buscam proteger a indústria nacional. Muitas dessas políticas visam aumentar o consumo de produtos nacionais (intermediários ou não). Várias dessas medidas de exigência de conteúdo nacional têm formas complexas, e normalmente são implementadas por meio de: (a) margens de preferência (preço) em compras públicas para produtores locais; (b) pré-requisitos para empresas se beneficiarem de incentivos fiscais ou financeiros; e (c) critério de habilitação e seleção na concessão e licitação de bens ou serviços públicos (Kupfer, 2013).

Esse não é um tema novo. Em 1890, durante o primeiro governo republicano no Brasil, foi instituída a "Lei do Similar Nacional". Essa lei dificultava a importação de bens já produzidos ou disponíveis no país e, apesar de ter sido diversas vezes modificada, só foi revogada um século depois, pelo governo do presidente Fernando Collor de Mello.

Desde então, a exigência de conteúdo nacional tem sido constantemente usada como princípio norteador de iniciativas e políticas governamentais no país. Outros exemplos de programas ou políticas não faltam: a Política Nacional de Informática, que instituiu uma reserva de mercado para fabricantes nacionais de produtos de informática nos anos 1980 e 1990; o Programa de Mobilização da Indústria Nacional de Petróleo e Gás (Promimp), com exigências de conteúdo nacional em produtos e serviços utilizados nos empreendimentos de petróleo e gás pela ANP; o Programa de Modernização e Expansão da Frota (Promef), que prevê a encomenda de dezenas de navios a estaleiros brasileiros, com índices mínimos de nacionalização superiores a 65%; o Novo Regime Automotivo (InovarAuto), com critérios e contrapartidas para que as montadoras possam se beneficiar da desoneração tributária, incluindo dispêndio em P&D e aquisição de peças e componentes de origem nacional; o Regime Especial para o Plano Nacional de Banda Larga (REPNBL), que estabelece requisitos de equipamentos nacionais a serem incorporados nas licitações de novas faixas de radiofrequência (4G) pela Agência Nacional de Telecomunicações (Anatel) ou para que as empresas usufruam de desonerações tributárias (para uma discussão mais profunda sobre política comercial no Brasil, ver Ornelas et al., 2020).

O Brasil não é exceção na criação e aplicação de políticas de proteção à indústria nacional. Outros países do mundo, sejam desenvolvidos ou em desenvolvimento, adotam ou adotaram medidas com esse objetivo, inclusive nos EUA (por exemplo, o *Buy American Act* de 1933, que foi parte do New Deal e vigora até hoje e, mais recentemente, o *American Recovery and Reinvestment Act*, que foi parte da resposta americana à crise de 2008).

Além de sentimentos nacionalistas, um dos argumentos mais antigos e difundidos para justificar a imposição de políticas protecionistas é o da proteção de uma "indústria nascente", que não tem tecnologia ou escala para competir no mercado internacional.[44] Esse argumento

---

[44] De raízes mercantilistas, o argumento foi exposto por Alexander Hamilton (1755-57), secretário do Tesouro dos Estados Unidos da América, no seu "Relatório sobre as manufaturas" (1791), entre as justificativas para encorajar uma visão industrialista (manufatureira) do país, mediante instituição de medidas de estímulo, subsí-

é muito lembrado no Brasil por ter servido de base aos esforços da industrialização tardia e de redução da dependência de capital externo, especialmente no Processo de Substituição de Importações (PSI).

Em linhas gerais, a ideia se baseia na necessidade de garantir proteção a determinadas indústrias que não dispõem (ao menos inicialmente) de condições competitivas mínimas para operar em um ambiente de livre comércio, no qual suas concorrentes internacionais detêm amplo conhecimento do processo produtivo e do conhecimento tecnológico. Isso aconteceria porque, na medida em que os produtos importados dispõem de vantagem significativa em termos de preço e/ou qualidade (afinal, são produzidos por firmas mais produtivas e mais eficientes), a produção doméstica fica inibida. O resultado final seria um cenário no qual as firmas nacionais não operam no mercado em questão por não conseguirem estruturas de custo, escala e aprendizado compatíveis com sua sobrevivência em uma economia aberta.

Em termos práticos, a proteção pode ser implementada por meio de instrumentos de política comercial que podem ser, principalmente, dois: (i) barreiras tarifárias, impondo ônus monetário sobre o preço dos produtos importados; e (ii) barreiras não tarifárias, que envolvem restrições quantitativas (quotas), especificações de ordem

---

dio e proteção tarifárias à indústria local. Posteriormente, o argumento foi reproduzido e teorizado pelo economista Friedrich List (1789-1846), que via no protecionismo uma solução de caráter temporário para estimular o desenvolvimento da indústria nacional. Stuart Mill (1806-1873), em sua obra *Princípios de Economia Política* (1848), sustentou o caráter limitado e temporário de tais incentivos, considerando-os um inconveniente necessário para garantir o amadurecimento e a competitividade das firmas em "nações jovens e em processo de desenvolvimento". Para uma tradução contemporânea do argumento, ver Krugman e Obstfeld (2001).

técnica, medidas de ordem sanitária e fitossanitária, proteção ao meio ambiente, restrições ao comércio de produtos especiais (armas, drogas), entre outras.[45]

No século XX, o comércio internacional cresceu significativamente. Inúmeros acordos internacionais foram assinados, sendo o mais importante deles o General Agreement on Tariffs and Trade (Gatt), em 1948, e substituído em 1995 pela Organização Mundial do Comércio (OMC). Essas instituições passaram a regulamentar o comércio internacional e restringir o uso de barreiras tarifárias pelos países. Privados do uso irrestrito desse instrumento, muitas nações passaram a adotar barreiras não tarifárias como forma de salvaguardar os "interesses nacionais" (normalmente citados como emprego, renda e saldo comercial), impulsionar setores estratégicos e proteger cadeias produtivas com algum potencial competitivo, tecnológico ou fragilizadas pela concorrência internacional. Neste contexto, ganharam destaque as exigências de conteúdo nacional.

Políticas que protegem segmentos da economia podem ter grande apelo junto aos empresários e mesmo junto à população em geral. Mas, como em toda questão econômica, existem custos associados a essa escolha. Um custo de políticas de proteção salta aos olhos. Se a economia nacional não é competitiva, isso significa que o produto nacional custa mais caro. Portanto, a sociedade terá que pagar mais caro para consumir algo produzido nacionalmente. Isso não parece eficiente do ponto de vista econômico, ao menos numa primeira análise.

Será que é possível justificar a preferência por conteúdo nacional economicamente? Será que os resulta-

[45] Para a lista mais exaustiva, ver: https://bit.ly/3t5APDs. Acesso em: 24 jun. 2013.

dos das políticas tradicionais poderiam ser alcançados de forma mais eficiente?

11.1 Modelo

Considere uma economia dotada de uma unidade de trabalho que pode ser utilizada na produção de dois bens intermediários 1 e 2. A função de produção de cada um dos bens é dada por

$$\begin{aligned} y_1 &= A\ell_1 \\ y_2 &= B\ell_2 \end{aligned}$$

em que ℓ_j é a quantidade de trabalho empregada no setor $j \in \{1,2\}$, sendo $\ell_1 + \ell_2 = 1$ e existe plena mobilidade do fator de produção trabalho entre os dois setores. Além disso, y_1 é a produção do bem 1, y_2 é a produção do bem 2, A é a produtividade marginal do trabalho no setor 1 e B a produtividade marginal do trabalho no setor 2. Os setores 1 e 2 são perfeitamente competitivos.

Há um setor de produção de bens finais, também perfeitamente competitivo, cuja função de produção é dada por:

$$Y = \ln(x_1) + \ln(x_2) \tag{11.1}$$

sendo x_j a quantidade do bem intermediário $j \in \{1,2\}$ empregada na produção do bem final.

11.1.1 O setor de bens finais

As empresas do setor de bens finais escolhem x_1 e x_2 de modo a maximizar lucro, tomando o preço dos bens intermediários como dados. Esse problema é análogo ao problema de minimização de custos em que a firma escolhe a quantidade ótima de insumos para um dado nível de produto e, posteriormente, o nível de produto que maximiza o lucro.

Seja p o preço relativo do bem intermediário 2. Para uma dada produção Y, o problema de minimização de custos é

$$\min_{x_1,x_2} \{x_1 + px_2\}$$

sujeito a função de produção em (11.1).

O lagrangeano é

$$x_1 + px_2 + \lambda \left(Y - \ln(x_1) - \ln(x_2)\right).$$

As condições de primeira ordem são

$$\begin{aligned} x_1 &: 1 - \frac{\lambda}{x_1} = 0 \\ x_2 &: p - \frac{\lambda}{x_2} = 0 \\ \lambda &: Y - \ln(x_1) - \ln(x_2) = 0. \end{aligned}$$

Assim, temos que a escolha ótima do setor de bens finais pelos bens intermediários 1 e 2 obedece à seguinte relação

$$x_1 = px_2. \tag{11.2}$$

A solução para o setor de bens finais para um dado Y é dada pelo par de equações (11.1) e (11.2), representada na figura 11.1.

Figura 11.1 – Solução para o setor de bens finais

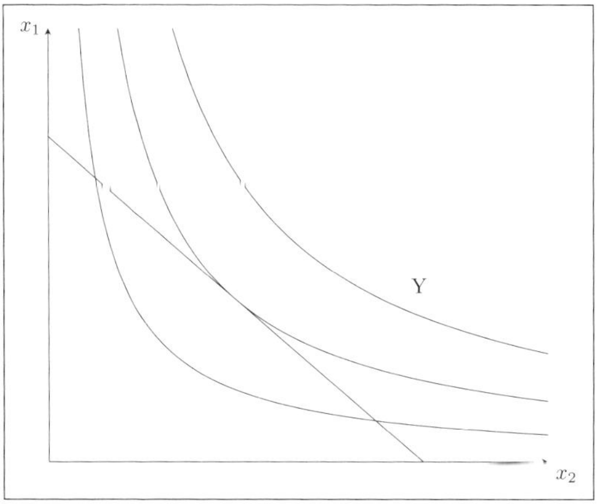

Fonte: Elaboração dos autores.

11.1.2 Economia fechada

Vamos inicialmente considerar o caso de uma economia fechada, em que todos os bens intermediários e finais são produzidos e consumidos internamente. Nesse caso, o preço relativo p é determinado endogenamente. Além disso,

$$\begin{aligned} x_1 &= y_1 \\ x_2 &= y_2 . \end{aligned}$$

O lucro da firma de cada setor é dado por:

$$\pi_1 = (A - w)\ell_1 \tag{11.3}$$

$$\pi_2 = (pB - w)\,\ell_2 \tag{11.4}$$

em que w é o salário pago ao trabalhador. Sendo ambos setores perfeitamente competitivos, o lucro nos dois setores é igual a 0, o que leva a

$$A = w \quad , \quad pB = w .$$

Consequentemente,

$$p^* = \frac{A}{B}$$

e assim,

$$y_1 = \frac{A}{B} y_2 .$$

Utilizando as funções de produção $y_1 = A\ell_1$ e $y_2 = B\ell_2$, temos que:

$$\ell_1 = \ell_2$$

e como $\ell_1 + \ell_2 = 1$, temos que

$$\ell_1^* = \ell_2^* = \frac{1}{2} .$$

Assim, temos que

$$\begin{aligned} y_1^* &= \frac{A}{2} \\ y_2^* &= \frac{B}{2} \end{aligned}$$

e o produto final da economia é dado por

$$Y^* = \ln\left(\frac{A}{2}\right) + \ln\left(\frac{B}{2}\right) . \qquad (11.5)$$

11.1.3 Economia aberta

Agora vamos considerar o caso de uma pequena economia aberta. Os bens intermediários são comercializáveis internacionalmente sem custos de transação mas, para simplificar, o bem final não é comercializável internacionalmente. Nesse caso, o preço relativo dos bens intermediários é tomado como dado e igual a $\hat{p}$. Assim, a restrição orçamentária da economia é dada por

$$y_1 + py_2 = x_1 + px_2 \tag{11.6}$$

para qualquer p. Sem perda de generalidade, vamos considerar o caso $\hat{p} < p^*$ de forma que

$$\hat{p} = \frac{A}{\gamma B}$$

sendo $\gamma > 1$, o que significa que a economia tem vantagem comparativa na produção do bem 1.

O lucro da firma em cada setor é dada por:

$$\begin{aligned} \pi_1 &= (A - w)\ell_1 \\ \pi_2 &= (\hat{p}B - w)\,\ell_2 = \left(\frac{A}{\gamma} - w\right)\ell_2 \,. \end{aligned}$$

A hipótese de competição perfeita nos dois setores implica lucro zero. Lucro zero no setor 1 implica $A = w$ (qualquer que seja w), o que faz com que o lucro no setor 2 seja

$$\frac{A}{\gamma} - A < 0$$

o que implica que a economia se especializa completamente na produção do bem 1. Note que, se o lucro no setor 2 fosse 0, teríamos que $A/\gamma = w$, o que levaria a lucro econômico puro positivo no setor 1. Assim, todas as empresas prefeririam migrar para o setor 1.

Temos então que $\hat{\ell}_1 = 1$ e $\hat{\ell}_2 = 0$, e assim:

$$\begin{aligned} \hat{y}_1 &= A \\ \hat{y}_2 &= 0. \end{aligned}$$

Utilizando a equação (11.2), temos que o setor de bens escolhe x_1 e x_2 de modo que

$$\hat{x}_1 = \frac{A}{\gamma B}\hat{x}_2$$

Substituindo essa relação na restrição orçamentária em (11.6), utilizando os valores de equilíbrio para $\hat{p}$, $\hat{y}_1$ e $\hat{y}_2$, temos que

$$A = \frac{A}{\gamma B}\hat{x}_2 + \frac{A}{\gamma B}\hat{x}_2$$

e, portanto:

$$\hat{x}_2 = \frac{\gamma B}{2}.$$

Consequentemente,

$$\hat{x}_1 = \frac{A}{\gamma B}\hat{x}_2 = \frac{A}{2}$$

Portanto, o produto na economia, dado pela produção de bens finais, é dado por

$$\hat{Y} = \ln\left(\frac{A}{2}\right) + \ln\left(\frac{\gamma B}{2}\right) \qquad (11.7)$$

e, sendo $\gamma > 1$, temos que

$$\hat{Y} > Y^*.$$

O comércio permite explorar as vantagens comparativas e aumenta o produto na economia para qualquer $\hat{p} \neq p^*$. Apenas no caso $\hat{p} = p^*$ as economias fechada e aberta são equivalentes.

11.2 Conteúdo nacional

Agora, consideremos que a empresa no setor de bens finais precisa ter pelo menos uma proporção ϕ de cada bem sendo produzida nacionalmente. Vimos na seção anterior que, sob a hipótese de que $\hat{p} < p^*$, as empresas nacionais se especializariam na produção do bem 1. Mantida essa hipótese, a lei do conteúdo nacional mínimo dita que uma proporção ϕ do bem intermediário 2 deve ser produzida nacionalmente, ou seja

$$x_2^N \geq \phi x_2$$

sendo x_2^N a quantidade do bem intermediário 2 empregada no setor de bens finais produzida nacionalmente e x_2^I a quantidade do bem intermediário 2 empregada no setor de bens finais importada, de forma que

$$x_2^I + x_2^N = x_2 .$$

O problema da firma do setor de bens finais passa a ser

$$\min_{x_1, x_2^N, x_2^I} \left\{ x_1 + \hat{p} x_2^I + p x_2^N \right\}$$

sendo $\hat{p}$ o preço do bem intermediário importado e p o preço do bem intermediário nacional. Vamos manter a hipótese de que o país tem vantagem comparativa na produção do bem 1, ou seja,

$$\hat{p} = \frac{A}{\gamma B} .$$

Note que, com a lei do conteúdo nacional, esses bens não são mais perfeitos substitutos, mesmo que sejam idênticos. A função de produção é a mesma, dada pela equação (11.1). Sendo $p > \hat{p}$, temos que a restrição $x_2^N \geq \phi x_2$ vale com igualdade (caso contrário, x_2^N seria zero) e assim

$$x_2^N = \phi x_2 \quad \text{e} \quad x_2^I = (1 - \phi)\, x_2 . \qquad (11.8)$$

Assim a função objetivo é minimizar

$$\min_{x_1, x_2} \{x_1 + (\hat{p}(1-\phi) + p\phi)\, x_2\}$$

e o lagrangeano é

$$x_1 + (\hat{p}(1-\phi) + p\phi)\, x_2 + \lambda\, (Y - \ln(x_1) - \ln(x_2))\,.$$

As condições de primeira ordem são

$$\begin{aligned} x_1 &: \ 1 - \frac{\lambda}{x_1} = 0 \\ x_2 &: \ \hat{p}(1-\phi) + p\phi - \frac{\lambda}{x_2} = 0 \\ \lambda &: \ Y - \ln(x_1) - \ln(x_2) = 0\,. \end{aligned}$$

Consequentemente,

$$x_1 = [\hat{p}(1-\phi) + p\phi]\, x_2 \tag{11.9}$$

Ademais, toda a produção nacional do bem 2 é utilizada nacionalmente (o preço internacional é muito baixo, não vale a pena exportar), portanto,

$$x_2^N = y_2$$

e a produção do bem 1 cobre tanto o uso do bem 1 na produção de bens finais quanto a importação do bem 2. Assim,

$$y_1 - x_1 = \hat{p} x_2^I \tag{11.10}$$

sendo $y_1 - x_1$ as exportações e $\hat{p}x_2$ o valor das importações. Utilizando a definição de x_2^I em (11.8) e o preço $\hat{p}$, temos que

$$y_1 - x_1 = \frac{A}{\gamma B}\,(1-\phi)\, x_2$$

e utilizando a definição de x_2^N em (11.8) e a igualdade $x_2^N = y_2$, obtemos

$$y_1 - x_1 = \frac{A}{\gamma B}\frac{(1-\phi)}{\phi}y_2\,. \qquad (11.11)$$

O lucro das firmas que produzem o bem intermediário em cada setor é dado, como antes, pelas equações (11.3) e (11.4). Consequentemente, como anteriormente, $A = w$, $pB = w$ e

$$p = \frac{A}{B}\,. \qquad (11.12)$$

A equação (11.9) nos dá uma expressão de x_1 como função de x_2. Utilizando a definição de x_2^N em (11.8) e a igualdade $x_2^N = y_2$, obtemos uma expressão de x_1 com relação a y_2. Substituindo essa expressão em (11.11) e utilizando as expressões para os preços p e $\hat{p}$, obtemos:

$$y_1 = \frac{A}{B}\left[1 + \frac{2}{\gamma}\frac{(1-\phi)}{\phi}\right]y_2\,.$$

Utilizando $y_1 = A\ell_1$ e $y_2 = B\ell_2$ e a identidade $\ell_1 + \ell_2 = 1$, obtemos

$$\begin{aligned}\ell_1 &= \frac{\gamma\phi + 2(1-\phi)}{2(\gamma\phi + 1 - \phi)}\\ \ell_2 &= \frac{\gamma\phi}{2(\gamma\phi + 1 - \phi)}\,.\end{aligned}$$

Consequentemente,

$$\begin{aligned}y_1 &= \frac{A}{2}\frac{(\gamma\phi + 2(1-\phi))}{(\gamma\phi + 1 - \phi)}\\ y_2 &= \frac{B}{2}\frac{\gamma\phi}{(\gamma\phi + 1 - \phi)}\,.\end{aligned}$$

Utilizando as equações em (11.8) e a igualdade $x_2^N = y_2$, obtemos:

$$\begin{aligned} x_2 &= \frac{B}{2}\frac{\gamma}{(\gamma\phi + 1 - \phi)} \\ x_2^I &= \frac{B}{2}\frac{(1-\phi)\gamma}{(\gamma\phi + 1 - \phi)}. \end{aligned}$$

Substituindo as expressões para y_1 e x_2^I na equação que iguala importações e exportações (equação 11.10), temos que:

$$x_1 = \frac{A}{2}.$$

11.2.1 O efeito de ϕ no equilíbrio

Quando $\phi = 0$, como no caso da economia aberta, $x_2 = x_2^I = B\gamma/2$, $y_1 = A$ e $y_2 = 0$.

Quando $\phi = 1$, a economia está essencialmente fechada e, de fato, $y_1 = x_1 = A/2$ e $y_2 = x_2^N = B/2$.

Em geral, à medida que ϕ aumenta, a produção do bem 2 cresce e a produção do bem 1 se reduz. O país tem então menos chances de aproveitar sua vantagem comparativa. Para um dado valor de ϕ, o produto (e, portanto, o bem-estar) na economia é dado por:

$$Y = \ln\left(\frac{A}{2}\right) + \ln\left(\frac{B}{2}\frac{\gamma}{(\gamma\phi + 1 - \phi)}\right).$$

Note que:

$$\frac{\partial Y}{\partial \phi} = -\frac{\gamma - 1}{\gamma\phi + 1 - \phi} < 0.$$

A perda de bem-estar é maior para maiores valores de γ. Intuitivamente, a exigência do conteúdo nacional nos bens produzidos no Brasil reduz o produto à medida que reduz a possibilidade de o país se especializar naquilo que faz melhor. Se γ é próximo de 1, as vantagens comparativas são pequenas e, consequentemente, restringir o comércio tem menor efeito no bem-estar. Por outro lado, para altos valores de γ, reduzir as possibilidades de transacionar com o exterior tem um grade efeito adverso no produto da economia.

11.3 Possíveis justificativas para a lei

O modelo mostra que a exigência de conteúdo nacional traz custos importantes para o país por limitar o comércio. Haveria algum benefício?

Esta seção investiga possíveis justificativas para a exigência de conteúdo nacional. A fim de incluir possíveis razões para a intervenção na discussão, modificamos o modelo básico, encontramos os resultados e discutimos qual seria a melhor forma de resolver cada problema.

Como vimos, a lei que exige conteúdo produzido nacionalmente nos produtos brasileiros tem o efeito de reduzir o comércio internacional. Para simplificar, esta seção estuda o *trade-off* entre a economia aberta com $\phi = 0$ e a economia com $\phi = 1$. As lições básicas valem para casos intermediários de ϕ que são deixados como exercício.

11.3.1 O consumidor gosta de produtos que usam insumos brasileiros

Suponhamos que o consumidor goste de que o produto que ele consome tenha insumos brasileiros. Para simplificar, digamos que sua função utilidade seja dada por

$$U = Y + \xi \ln\left(1 + x_2^N\right)$$

sendo $\xi > 0$ e Y dado pela função de produção em (11.1) como antes. Por exemplo, o consumidor gosta de consumir gasolina produzida em uma refinaria que utilizou maquinário brasileiro.

Se o consumidor consegue observar se o produto é produzido com insumos nacionais ou não, não há nada que o governo precise fazer. O consumidor escolherá de acordo com suas preferências e o benefício gerado pelo insumo nacional estará sendo considerado em suas decisões. Nesse caso, a exigência de conteúdo nacional mínimo certamente não faria qualquer sentido.

Vamos então considerar que o consumidor não observa a proveniência do insumo nos produtos. Nesse caso, o produto e bem-estar na economia aberta seriam dados por

$$U - Y - \ln\left(\frac{A}{2}\right) + \ln\left(\frac{\gamma B}{2}\right)$$

e no caso da economia fechada, o bem-estar seria dado por

$$U = \ln\left(\frac{A}{2}\right) + \ln\left(\frac{B}{2}\right) + \xi \ln\left(1 + \frac{B}{2}\right).$$

O bem-estar na economia fechada é maior que na economia aberta se

$$\ln\left(\frac{A}{2}\right) + \ln\left(\frac{B}{2}\right) + \xi \ln\left(1 + \frac{B}{2}\right) >$$
$$\ln\left(\frac{A}{2}\right) + \ln\left(\frac{\gamma B}{2}\right)$$

ou seja, se

$$\xi \ln\left(1 + \frac{B}{2}\right) > \ln(\gamma).$$

O lado esquerdo da equação é o ganho de utilidade advindo do uso de insumos nacionais. O lado direito da equação é o ganho de produto que o comércio internacional possibilita, e que depende de quão grande é a vantagem comparativa nacional na produção do bem 1 (γ).

Portanto, se o consumidor gosta de produtos que utilizam insumos brasileiros, se esse efeito é maior que o ganho de produto gerado pela possibilidade de o país se especializar no que faz de melhor, e se o consumidor não consegue observar o insumo utilizado no produto, a economia fechada gera mais bem-estar que a economia aberta sem qualquer intervenção.

Intervenções de política

Ainda que todas as condições do modelo anterior sejam válidas na realidade, a melhor intervenção não seria a determinação pelo governo de um conteúdo mínimo nacional nos produtos brasileiros pelos seguintes motivos: (1) o governo precisaria conhecer a preferência das pessoas com relação ao gosto por insumos nacionais; (2) as pessoas teriam preferências muito distintas — certamente não é todo mundo que se importa com a proveniência do insumo nos produtos que consome.

Seria recomendável que se instituisse uma política de certificação de produtos, assim como se certificam produtos orgânicos, ou produzidos de acordo com normas internacionais de qualidade. Esses são casos de produtos em que alguns consumidores gostariam de pagar mais por características que não conseguem observar no ato da compra. A certificação é a melhor maneira de corrigir esse problema de assimetria de informação.

É provável que o certificado "conteúdo nacional" teria pouco valor para muitos dos compradores, mas se for esse o caso, essa não seria uma justificativa válida para a lei que exige um mínimo de conteúdo nacional nos produtos brasileiros.

11.3.2 Custos de migração entre setores

Uma outra justificativa para a política de conteúdo nacional é a proteção de empregos ou, em termos mais gerais, os custos de migração entre diferentes setores da economia, custos que incluem o tempo que o trabalhador fica procurando emprego, treinamento para funções específicas ao novo setor, ou mesmo as barreiras à entrada impostas pela legislação trabalhista. No limite, essas barreiras podem até impedir que as pessoas migrem do setor 1 para o setor 2.

Consideremos então que os trabalhadores não podem migrar de um setor para o outro, temos sempre que $\ell_1 = \ell_2 = 1/2$ (esse é um resultado obtido anteriormente para a economia fechada, e no caso em que não é possível migrar entre setores, essa é a escolha mais natural para a alocação dos trabalhadores). A produção em cada setor será sempre

$$y_1 = \frac{A}{2} \quad \text{e} \quad y_2 = \frac{B}{2}.$$

Nada muda no caso da economia fechada estudado anteriormente. O produto é dado pela equação (11.5).

Vamos considerar novamente o caso da economia aberta com $\hat{p} = A/\gamma B$. O preço do bem 2 deverá ser igual ao preço internacional. Utilizando a equação (11.2), temos que a empresa do setor de bem final escolhe x_1 e x_2 de modo que:

$$x_1 = \frac{A}{\gamma B} x_2. \tag{11.13}$$

Sendo $\gamma > 1$, vemos que a escolha de $x_1 = y_1$ e $x_2 = y_2$ não corresponde ao ótimo. A empresa preferiria mais do bem intermediário 2.

As importações do bem 2 x_2^I são dadas por

$$x_2^I = x_2 - \frac{B}{2}$$

e as exportações do bem 1 são dadas por $y_1 - x_1$. Assim, equilíbrio na balança comercial requer:

$$\frac{A}{2} - x_1 = \frac{A}{\gamma B}\left(x_2 - \frac{B}{2}\right).$$

Utilizando (11.13) e manipulando a equação, obtemos:

$$x_2 = \frac{B}{2}\left(\frac{\gamma + 1}{2}\right)$$

e, consequentemente:

$$x_1 = \frac{A}{2}\left(\frac{\gamma+1}{2\gamma}\right)$$

O produto é dado por $Y = \ln(x_1) + \ln(x_2)$, que pode ser escrito como

$$\begin{aligned} Y &= \ln\left(\frac{A}{2}\right) + \ln\left(\frac{B}{2}\right) + \ln\left(\frac{[\gamma+1]^2}{4\gamma}\right) \\ &= \ln\left(\frac{A}{2}\right) + \ln\left(\frac{B}{2}\right) + \ln\left(1 + \frac{[\gamma-1]^2}{4\gamma}\right). \end{aligned}$$

Sendo o produto na economia fechada dado por (11.5), temos que o último termo da equação anterior é justamente a diferença entre a economia aberta sem migração entre setores e a economia fechada. Sendo $\gamma > 1$,

$$\ln\left(1 + \frac{[\gamma-1]^2}{4\gamma}\right) > 0 .$$

Assim, o produto no caso da economia aberta é maior que com a economia fechada, mesmo quando a migração entre setores não é possível.

Intervenções de política

Há alguma consequência negativa da abertura neste modelo? Note que os salários nos dois setores serão diferentes. A condição de lucro 0 no setor 1 implica $w_1 = A$ (em unidades do bem 1) e a condição de lucro 0 no setor 2 implica $w_2 = \hat{p}B$. Assim

$$\frac{w_1}{w_2} = \gamma .$$

No caso da economia fechada, os salários são os mesmos se $\ell_1 = \ell_2 = 1/2$, ou seja $w_1 = w_2$. Assim, a abertura gera um efeito distributivo que beneficia os trabalhadores do setor 1. Temos então um ganho de eficiência na economia, mas uma questão distributiva que pode requerer atenção das políticas públicas.

Idealmente, uma questão distributiva não deve ser resolvida com perda de eficiência. A solução ideal para esse problema é reduzir o custo de migração entre setores (um dos exercícios no final deste capítulo pede para que se demonstre que o produto na economia aberta com possibilidade de migração é maior que no caso em que a migração entre setores não é possível).

11.3.3 Externalidades do setor menos produtivo

Outra possível razão para proteger o setor 2 é a existência de externalidades positivas na produção. Uma possibilidade seria que a produção do bem 2 gera um aprendizado que se espalha pela economia, ou seja, gera um benefício que não é apropriado pela empresa.

Vamos então supor que a produção doméstica do bem 2 aumente a produtividade marginal do trabalho do bem 1, de modo que

$$y_1 = A\ell_1(1 + y_2)^\alpha$$

sendo $\alpha \in (0, 1)$.

No caso de uma pequena economia aberta em que $\hat{p} = A/\gamma B$, temos o resultado obtido anteriormente: $y_1 = A$, $y_2 = 0$ e o produto é dado por (11.7).

No caso extremo de uma autarquia, a equação (11.2) leva a

$$y_1 = py_2$$

sendo

$$y_1 = A(1+y_2)^{\alpha}\ell_1 \quad \text{e} \quad y_2 = B\ell_2$$

portanto,

$$A(1+y_2)^{\alpha}\ell_1 = pB\ell_2 \,. \tag{11.14}$$

As condições de lucro 0 levam a

$$w = A(1+y_2)^{\alpha} = pB$$

e assim

$$p = \frac{A}{B}\left(1+y_2\right)^{\alpha} \,.$$

Substituindo essa equação em (11.14), obtem-se que $\ell_1 = \ell_2$, portanto $\ell_1 = \ell_2 = 1/2$. Temos assim que:

$$\begin{aligned} x_2 &= y_2 = \frac{B}{2} \\ x_1 &= y_1 = \frac{A}{2}\left(1+\frac{B}{2}\right)^{\alpha} \end{aligned}$$

e o produto da economia é dado por:

$$Y = \ln\left(\frac{A}{2}\right) + \ln\left(\frac{B}{2}\right) + \ln\left(\left(1+\frac{B}{2}\right)^{\alpha}\right).$$

O produto será maior que no caso da economia aberta se:

$$\left(1+\frac{B}{2}\right)^{\alpha} > \gamma \,.$$

O lado esquerdo da equação é a externalidade positiva da produção do bem 2, esse é o benefício de termos uma economia fechada. O lado direito corresponde ao custo de fechar a economia para o comércio exterior, que depende do valor de γ.

Intervenções de política

Se a externalidade é suficientemente importante, a lei do conteúdo nacional melhora o bem-estar. Contudo, sendo esse o caso, poderia ser possível identificar a externalidade e prover estímulos mais diretos e, portanto, com menor custo em termos de eficiência.

11.4 Conclusão

O modelo aqui apresentado e suas extensões mostram os custos de proteger a indústria nacional e apontam para possíveis benefícios oriundos da proteção. Naturalmente, muitas questões ficaram de fora da análise. Os efeitos aqui apresentados são importantes? Dentre os pontos que não discutimos, quais mereceriam mais atenção?

Trabalhos empíricos que estudam os efeitos de liberalização comercial no Brasil podem oferecer algumas pistas sobre essas questões. Por exemplo, Gonzaga et al. (2006) encontra que a liberalização comercial parece ter levado a uma redução na desigualdade salarial, enquanto Dix-Carneiro (2014) destaca o papel dos custos de mudança para outros setores. Uma parte dessa literatura foca na interação entre abertura comercial e outras questões econômicas, como informalidade (Ponczek e Ulyssea, 2022) e crime (Dix-Carneiro et al., 2018).

Várias questões importantes não foram tratadas neste capítulo. Por exemplo, há uma grande discussão sobre acordos regionais de comércio (ver, por exemplo, Freund e Ornelas, 2010). A intensidade e a duração da proteção são também questões práticas que se colocam aos que formulam as políticas públicas. Um custo desse tipo de política, no médio e longo prazo, é o risco de manipulação e captura do governo por setores interessados em receber abrigo da pressão competitiva internacional (*rent-seeking*)[46], foco do último capítulo deste livro.

11.5 Exercícios

1. Considere o caso da economia sem migração entre setores. Como a diferença entre as economias aberta e fechada depende de γ? Interprete.

2. Mostre que o produto na economia aberta com migração entre setores é maior que o produto na economia aberta sem possibilidade de migração entre setores para qualquer valor de $\gamma > 1$.

Referências

DIX-CARNEIRO, R. Trade Liberalization and Labor Market Dynamics, *Econometrica*, v. 82, p. 825-885, 2014.

_____ ; SOARES, R. R.; ULYSSEA, G. Economic Shocks and Crime: Evidence From The Brazilian Trade Liberalization, *The American Economic Journal*: Applied, v. 10, p. 158-95, 2018.

FREUND, C.; ORNELAS, E. Regional Trade Agreements, *Annual Review of Economics*, v. 2, p. 139-167, 2010.

---

[46] Ver, por exemplo, Krueger, 1974.

GONZAGA, G; MENEZES FILHO, N.; TERRA, C., Trade liberalization and the evolution of skill earnings differentials in Brazil, *Journal of International Economics*, n. 68, p. 345-367, 2006.

KRUEGER, A. The political economy of the rent-seeking Society. *American Economic Review*, v. 64, n. 3, p. 291-303, 1974.

KRUGMAN, _____; OBSTFELD, _____. *Economia internacional*: teoria e política. 5. ed. 2001.

KUPFER, D. Conteúdo eficiente. *Valor Econômico*, São Paulo, 14 jan. 2013.

ORNELAS, E.; PESSOA, J. P.; FERRAS, L. *Política Comercial no Brasil: Causas e Consequências do Nosso Isolamento*. São Paulo: Editora Bei, 2020.

PONCZEK, V.; ULYSSEA, G. Enforcement of Labor Regulation and the Labor Market Effects of Trade: Evidence from Brazil, *The Economic Journal*, v. 132, n. 641, p. 361-390, 2022.

12

Cartórios

Evidências e documentos históricos indicam que antes mesmo do Código de Hamurabi (c. 1700 a.C.) já havia formas de registro escrito para dar publicidade a atos, contratos e negócios jurídicos. Esses hábitos sobreviveram aos tempos bíblicos,[47] às civilizações egípcias (sacerdotes e escribas) e às instituições romanas (direito). Após a queda do Império Romano, coube à Igreja Católica perpetuar a função do registro de indivíduos e títulos diversos, embora isso se fizesse de forma restrita, privilegiando os membros da nobreza e do clero.[48]

Foi somente na França, em 1539, por meio da Ordenança de Villers-Cotterêts, que se adotou pela primeira vez um sistema de registro universal de batismos e mortes. Anos mais tarde, em 1563, a Igreja, por decisão do Concílio de Trento, estendeu a obrigatoriedade dos registros paroquiais de óbitos, casamentos e batizados de todos os indivíduos ao mundo católico. Finalmente, no século XVIII, com a outorga do Código Civil (Napoleônico), teria início o registro civil moderno (laico e universal), ado-

---

[47] Em certa passagem, Javé ordena a Jeremias: "14 Eis o que diz o Senhor dos exércitos, Deus de Israel: toma estes documentos, esta escritura de venda selada e aquela cópia aberta, e coloca-as num vasilhame de barro a fim de que por muito tempo se conservem. 15 Porquanto, eis o que predisse o Senhor dos exércitos, Deus de Israel: Ainda serão compradas casas, campos e vinhas desta terra". (Jeremias 32:14-15).

[48] Ainda hoje, recorre-se comumente a livros paroquiais e eclesiásticos para traçar linhas genealógicas antigas.

tado pelos países ocupados pela França da Europa Ocidental, suplantando o poder e a função da Igreja nos registros.

No Brasil, as funções dos tabeliões constavam nas ordenações do Reino, onde se estabeleceram o modo e a forma de se lavrarem as escrituras. Por outro lado, dada a imensidão territorial e o vácuo de autoridades e jurisdições civis, a Igreja ocupava o núcleo da sociedade colonial: era em torno das paróquias que se formavam os focos urbanos e se concentravam as funções burocráticas e institucionais de registro, atividades de recenseamento, abertura de inventários, emissão de atestados e certidões com valor jurídico.[49] Somente em 1874 é que foi formalmente criado o registro civil, por meio do Decreto nº 5.604, que regulamentava os registros civis de nascimentos, casamentos e óbitos de forma similar ao instruído pelo Concílio de Trento. Entretanto, somente no ano de 1888 (pelo Decreto nº 9.886), o registro civil de nascimento, casamento e óbito tornou-se obrigatório em ofícios do Estado (cartórios). Esses cartórios eram criados e delegados a privados, pela cessação dos efeitos dos registros eclesiásticos e a definição da data inicial para execução dos Atos do Registro Civil.

A palavra cartório — do latim *charta* (carta) e *orius* (instrumento) — foi criada em Portugal para designar o local de trabalho do notário (escrivão) ou tabelião, e por quase 500 anos perdurou no Brasil como a nomenclatura oficial das instituições de registro. Aqui, foi apenas em 1994 que se substituiu a referência ao "Cartório" por "Serviço Notarial e Registral",[50] atribuindo-lhe a prestação do serviço público de notas e registros no âmbito ex-

---

[49] Disponível em: https://bit.ly/3ZwnsIA. Acesso em: 19 mai. 2023.

[50] Lei nº 8.935, de 18 de novembro de 1994.

trajudicial (isto é, sem a intervenção direta do Estado por meio do Poder Judiciário).[51]

Sob a ótica econômica, o objetivo do sistema notarial e de registro é reduzir assimetrias de informação, incertezas e custos de transação referentes aos participantes dos mercados, bens transacionados, contratos e demais atos jurídicos e da vida civil. Suas ações, assim, objetivam aumentar a segurança jurídica, a proteção dos direitos de propriedade, prevenindo fraudes, conflitos e garantindo a cidadania. Além disso, os cartórios colaborariam para a fiscalização e a arrecadação tributária e previdenciária do governo, por acompanharem e certificarem transações pecuniárias e imobiliárias de grande valor (via informes à Receita Federal, por exemplo). Parte dos serviços prestados aos indivíduos e ao Estado é gratuita.

Entre os produtos ofertados pelos cartórios, uma forma de intermediário burocrático, citam-se: certidões de nascimento, casamento e óbito até o registro de imóveis, protesto de títulos, escrituras, procurações, reconhecimento de firmas e autenticações. A demanda, por sua vez, é formada pelos agentes econômicos que, por força de lei ou por vontade própria, buscam certificar a veracidade e a consistência jurídica dos atos e transações.

---

[51] Passamos, assim, a ter um cartório encarregado de anotar e arquivar todos os acontecimentos ligados à pessoa natural (Registro Civil das Pessoas Naturais), outro encarregado de anotar e arquivar todos os acontecimentos ligados à pessoa jurídica (Registro Civil das Pessoas Jurídicas), outro encarregado de anotar e arquivar todos os acontecimentos ligados ao patrimônio imóvel das pessoas naturais ou jurídicas (Registro de Imóveis), outro encarregado de anotar e arquivar todos os contratos e declarações das pessoas naturais ou jurídicas (Notas) e finalmente o último deles encarregado de anotar e arquivar todas as demais declarações de vontade firmadas particularmente entre pessoas físicas ou jurídicas (Títulos e Documentos).

Segundo levantamento feito em 2021 pela Corregedoria do Conselho Nacional de Justiça (CNJ), 13.440 cartórios de notas e registros (serventias extrajudiciais) foram contabilizados no país, os quais empregavam 80.026 funcionários (85.465 no regime CLT e 2.561 como estatutários)[52]. De acordo com os dados disponíveis, em 2019 cada cartório faturava em média R$ 687,6 mil por ano (R$57,3 mil por mês), sendo o total arrecadado pelos cartórios a soma de R$ 15,9 bilhões (0,22% do PIB), quase o mesmo montante arrecadado em 2018.[53] (É possível estabelecer uma relação entre crescimento econômico, a formalização da economia e a demanda pelo cartório?)

No ano de 2019, o número de cartórios no Brasil era de cerca de 23 mil. Os cinco estados com maior número de cartórios eram, naquele ano: Minas Gerais (5.402), seguido de São Paulo (2.818), Bahia (2.304), Paraná (1.444) e Ceará (1.248). No que se refere à arrecadação, São Paulo lidera com R$ 5,8 bilhões, seguido do estado de Minas Gerais, com R$ 2,1 bilhões; Rio de Janeiro, com R$ 1,4 bilhões; e Rio Grande do Sul, com R$ 1 bilhão de arrecadação total.[54]

Apesar dos números expressivos, é importante ressaltar que a rentabilidade dos cartórios é bastante desigual. Enquanto alguns (por exemplo, o Tabelionato de Lavras do Sul) faturam mais de 37 milhões de reais mensais, outros são deficitários. O Registro Civil do Distrito de Lages, em Maranguape (CE), acumulava uma receita mensal de apenas dois reais e cinquenta centavos.[55]

---

[52] Disponível em: https://bit.ly/48nnzdD. Acesso em: 19 maio 2023

[53] Como referência, vale lembrar que o programa Bolsa Família consome aproximadamente 0,5% do PIB a cada ano.

[54] Disponível em: https://bit.ly/3LAfJ6B. Acesso em 19 maio 2023.

[55] Disponível em: https://bit.ly/3RAuppV. Acesso em 19 maio 2023.

Sistemas diferentes de autenticação existem em outros países. Nos Estados Unidos, por exemplo, o sistema de reconhecimento de firma e autenticação dispensa cartórios, empregando notários públicos, cidadãos certificados pelo Executivo nos estados, com mandatos de dois a 10 anos. Por outro lado, o reconhecimento de firma não é obrigatório para a maior parte dos contratos comuns, sendo solicitado para algumas eventualidades que têm valor legal somente quando avalizadas por um notário (como declarações juramentadas).

12.1 Modelo

Para que faça sentido a existência de cartórios, é preciso que existam possibilidades de trocas na economia. Mais que isso, é preciso que exista a possibilidade de trapaça. Certificar a veracidade de uma transação só é necessário se uma das partes envolvidas pode escolher trapacear.

O modelo visa representar uma economia onde há ganhos de troca para as duas partes envolvidas em um negócio, mas em que pode haver trapaça. Quando isso acontece, há perdas para a sociedade. As hipóteses do modelo captam essa situação da maneira mais simples possível.

Hipóteses

Há $2N$ pessoas na economia, N é um número muito grande. Elas são aleatoriamente combinadas em pares, e querem fazer um negócio. Por exemplo, metade das pessoas quer vender um produto e a outra metade quer comprar, há um vendedor e um comprador em cada par.

Cada uma das partes pode escolher trapacear. Os *pay-offs* são dados da seguinte maneira:

- Se ninguém trapaceia, ambas as partes recebem b, sendo $b > 0$.
- Se uma das partes opta pela trapaça, há um ganho B a quem trapaçeou e uma perda (ganho igual a $-B$) à outra parte. Assumimos que $B > b$.
- Se ambas optam pela trapaça, ambas arcam com custos sem qualquer benefício. Há uma perda para ambas, o *pay-off* para cada uma é $-b$.[56]

A hipótese $B > b > 0$ significa o seguinte: para uma das partes, a trapaça traz ganhos. Para a economia como um todo, a trapaça não traz ganho algum (um lado ganha B à custa do outro ou há perdas para ambos), mas uma transação honesta leva a ganhos de troca.

Por exemplo, suponha que o comprador compre um bem do vendedor. Se ambas as partes querem fazer negócio, a transação é mutuamente benéfica, e o modelo representa essa situação com um ganho b para cada um (o fato de o benefício ser o mesmo para comprador e vendedor não é importante no modelo). Se o vendedor recebe o dinheiro mas o comprador não pode usufruir do bem (digamos porque a escritura era falsa), há uma transferência de recursos do comprador para o vendedor mas não ocorre uma troca, o bem não passa das mãos de um para o outro. O comprador simplesmente transfere B para o vendedor (poderíamos assumir que há também custos de transação e outros prejuízos para o comprador, mas isso não altera as conclusões do modelo que apresentaremos). E se os dois optam pela trapaça, ambos gastam

[56] É conveniente para simplificar a exposição que esse *pay-off* seja o oposto do ganho de troca, mas essa hipótese não é importante para o modelo.

recursos e não há transação, o que é representado no modelo como um *pay-off* igual a $-b$ para ambos.

Equilíbrio sem uma forma de verificar trapaças

Em um mundo sem uma maneira de fiscalizar as transações, e punir as trapaças, os *pay-offs* são os seguintes:

	T	N
T	$-b, -b$	$B, -B$
N	$-B, B$	b, b .

Suponha que o jogador 2 escolha trapacear (T): o jogador 1 terá *pay-off* $-b$ se escolher T e $-B$ se escolher N, portanto T é melhor e a diferença é igual a $B - b$. Se o jogador 2 escolher não trapacear (N), o jogador 1 terá *pay-off* B se escolher T e b se escolher N, portanto T é melhor e a diferença também é igual a $B - b$. Assim, trapacear é a estratégia dominante, e os ganhos de troca não são realizados nessa economia.

É claro que, na realidade, as pessoas não escolhem trapacear considerando apenas os benefícios financeiros e as possibilidades de punição. É possível acrescentar outras motivações no modelo, que poderiam diferir entre indivíduos, de forma que muitos escolham agir honestamente mesmo que isso leve a menores ganhos. Nós deixamos essa extensão como exercício, notando que as lições mais importantes do modelo não se alteram nesse caso contanto que, na ausência de fiscalização, trapaças ocorram.

12.1.1 O governo

Vamos então colocar o governo na parada. O governo tem acesso a uma tecnologia que permite detectar trapaças e punir quem trapaceou. Essa tecnologia funciona assim. Depois de a transação ser realizada, o governo fiscaliza as transações. É relativamente fácil (e portanto pouco custoso) verificar quando não há trapaça (as duas partes estão de acordo com o negócio), mas quando a trapaça ocorre, é necessário mais tempo para investigar, reunir as provas. Assim, a probabilidade de detecção de trapaças é proporcional à quantidade de negócios com trapaças na economia, r:

$$\pi = \frac{1}{1 + r/C} . \tag{12.1}$$

A capacidade de fiscalizar e juntar provas precisa ser distribuída entre os r agentes a serem fiscalizados. Quanto mais problemas, mais a capacidade de fiscalização precisa ser diluída, menor a chance de quem trapaçeou ser pego. Essa hipótese retrata a ideia de que quando poucos estão se comportando dentro da lei, é facil detectar qualquer desvio, mas quando muitos estão infringindo as regras, poucos acabam sendo punidos, não há como fiscalizar e punir todos.

O agente que trapaceia recebe uma punição P. Por hipótese, $P > B$. Para simplificar a exposição, assumimos que, quando os dois trapacearam em um negócio, ninguém é punido (essa hipótese simplifica a exposição, mas pode ser relaxada). Agora a matriz de *pay-offs* é dada por:

$$\begin{array}{ccc} & \text{T} & \text{N} \\ \text{T} & -b, -b & B - \pi P, -B \\ \text{N} & -B, B - \pi P & b, b \,. \end{array}$$

12.1.2 *Condições de equilíbrio*

A diferença de *pay-offs* entre escolher T e N é dada por $B - b - \pi P$. Assim, vale a pena trapacear se:

$$B - \frac{1}{1 + r/C} P > b\,.$$

Se ninguém resolve trapacear, não vale a pena alguém desviar e trapacear se

$$B - \frac{1}{1 + 1/C} P < b$$

Assim, há um equilíbrio em que ningúem trapaceia se

$$\frac{B - b}{P} < \frac{1}{1 + 1/C} = p_H\,.$$

Nesse equilíbrio, todos os agentes da economia recebem *pay-off* b. Os agentes escolhem agir honestamente sabendo que a probabilidade de detecção seria alta.

Por outro lado, se todos os outros estão trapaceando, vale a pena trapacear se

$$\frac{B - b}{P} > \frac{1}{1 + N/C} = p_L$$

pois agora há N negócios a serem investigados. Note que $p_L < p_H$, e como N é um número grande, essa diferença pode ser substancial. Por exemplo, se $C = 100$ e $N = 10.000$, p_H é cerca de 99%, e p_L é cerca de 1%. Esse exemplo numérico não deve ser interpretado como refletindo a realidade de alguma sociedade específica, mas serve para ilustrar que p_H pode ser muito maior que p_L.

O ponto interessante do modelo até aqui é que se $(B - b)/P$ está em uma faixa intermediária, entre p_L e

p_H, o resultado depende de expectativas, que podem ser determinadas pela história, pela tradição de uma sociedade. Há um equilíbrio bom em que todos esperam que os outros não vão trapacear, o que leva a uma chance muito alta de punição em caso de trapaça e, assim, todas as trocas ocorrem. Contudo, se os agentes acham que os outros vão trapacear, a probabilidade de detecção de golpes é pequena, o que torna ótima a escolha de trapacear.

Para um vasto conjunto de parâmetros, há portanto dois equilíbrios, um em que tudo funciona bem e outro em que os agentes tentam trapacear e não há trocas. Dois países com ganhos de troca (b) e de trapaça (B) semelhantes, mesma punição P e mesma probabilidade de detecção (dada pela equação (12.1) com o mesmo valor de C) podem estar em equilíbrios diferentes por conta das expectativas. Em um país onde se espera que todos se comportem corretamente, há incentivos para proceder da mesma maneira. Os mesmos incentivos não estão presentes em um país com expectativas piores.

12.2 Cartórios

Agora vamos incluir cartórios no modelo.

A ideia é a seguinte: o cartório incorre um custo ψ para cada parte envolvida em um negócio registrar a transação. O governo não vai fiscalizar transações que sejam feitas sem o registro no cartório. Por outro lado, é mais fácil fiscalizar, pois as operações estão agora concentradas e organizadas em alguns poucos cartórios. Digamos que fiscalizar n operações em um cartório seja equivalente a fiscalizar $\sqrt{n}$ agentes num mundo sem cartório.

Os cartórios podem registrar as trapaças, mas serão punidos se forem pegos. A punição por trapaça também é a mesma que antes, P. Ou seja, o fato de existirem cartórios não impede que as trapaças existam, apenas torna mais fácil fiscalizar as transações.

Agora a matriz de *pay-offs* é dada por:

$$\begin{array}{ccc} & T & N \\ T & -b-\psi, -b-\psi & B-\pi P-\psi, -B-\psi \\ N & -B-\psi, B-\pi P-\psi & b-\psi, b-\psi\,. \end{array}$$

Como anteriormente, a diferença entre os *pay-offs* realizados ao se escolher T ou N é dada por $B - b - \pi P$ porque o custo de registrar a transação é incorrido independentemente da escolha feita. Contudo, a probabilidade de detecção de trapaças pode ser alterada.

Se apenas um agente trapaceia, a probabilidade é a mesma que anteriormente (há uma negociação a ser verificada). Suponhamos que existam c cartórios na economia e, para simplificar, vamos supor que eles sejam idênticos. Cada um deles terá então N/c clientes. Se todos eles escolhem trapacear, é como se o governo tivesse que fiscalizar

$$c\sqrt{\frac{N}{c}} = \sqrt{Nc} \text{ negócios}\,.$$

Assim, se todos trapacearem, a probabilidade de serem pegos é

$$\pi = \frac{1}{1+\sqrt{Nc}/C}\,.$$

que é maior do que no caso sem cartórios, pois $\sqrt{Nc} < N$ (pois $c < N$). Assim, a condição de existência de um equilíbrio com trapaças fica mais difícil de ser satisfeita. Agora, se um agente acredita que todos os outros vão trapacear, a trapaça será um equilíbrio se:

$$\frac{B-b}{P} > \frac{1}{1+\sqrt{Nc}/C} = p_C > p_L\,.$$

Ou seja, o equilíbrio ruim requer um ganho de trapaça $(B - b)$ maior, ou uma punição (P) menor.

Contudo, no equilíbrio sem trapaças, o *pay-off* dos agentes é $b - \psi$. Então os cartórios podem ajudar o governo a fiscalizar as operações, ainda que isso também tenha um custo.

12.3 Conclusões

Como seria de se esperar, o modelo básico mostra que se o benefício da trapaça for grande o suficiente, em equilíbrio todos escolhem trapacear, e se esse benefício for pequeno o suficiente, não há trapaças. O interessante é que em uma região intermediária a expectativa de trapaças pode ser autorrealizável: no caso em que se espera que todos vão trapacear, há menos incentivos para agir honestamente. Nesse caso, os cartórios reduzem a região de parâmetros onde há esse equilíbrio ao aumentar o custo da punição.

Segurança jurídica é um fator importante para as decisões sobre produzir e empreender (ver, por exemplo, Lichand e Soares, 2014). Mas se por um lado os cartórios aumentam a segurança jurídica, por outro há custos (diretos e indiretos) relacionados com essa proteção. Além dos valores pagos pela obtenção do "carimbo" (custo direto), o tempo perdido na burocracia, desde a ida ao cartório até o tempo que documentos esperam para serem liberados com uma assinatura (custos indiretos), também deve fazer parte do cálculo. No modelo, esses custos são representados pelo parâmetro ψ. Temos então uma questão que envolve assimetria de informação e cuja solução adotada envolve custos e ganhos econômicos. Medir esses valores e decidir sobre qual a política ótima (eficiente) para cumprir esta função na sociedade permanece como um grande desafio.

Cartórios podem também dar oportunidades para *rent seekers* pois geram uma boa quantidade de receita. Por conta das oportunidades de *rent seeking*, os cartórios podem continuar existindo mesmo que passem a ser desnecessários na economia. Por exemplo, outras tecnologias podem surgir e tornar a fiscalização ou o registro de operações individuais mais simples, mas os donos de cartórios continuarão tendo interesse em manter a estrutura atual. De fato, era comum, até pouco tempo atrás, a existência de cartórios familiares, cuja transferência da posse se dava entre gerações ou parentes (a "permuta familiar").[57] Em 2010, a prática foi coibida pela CNJ, que baixou uma resolução obrigando os presidentes dos Tribunais de Justiça a demitirem titulares de cartórios nomeados sem concurso público.[58] Como resultado, o órgão declarou vagas, na ocasião, as titularidades irregulares de 5.561 cartórios de registro civil, de registro de imóveis, de notas e de protesto.[59] Na prática, entretanto, cerca de 4,7 mil continuam sendo dirigidos por tabeliães e registradores não concursados.

[57] Nesse esquema, o filho de um titular não concursado de um cartório prestava concurso para uma repartição pública de segunda categoria, no interior do estado, tomava posse, pedia transferência para o cartório dirigido pelo pai e lá assumia como novo titular.

[58] Disponível em: https://bit.ly/3ZuCs9Y. Acesso em: 19 maio 2023.

[59] Disponível em: https://bit.ly/3rttGMJ. Acesso em: 19 maio 2023.

12.4 Exercícios

1. Considere agora que cada indivíduo i tenha um certo custo pessoal de trapacear, que chamaremos de T. Para simplificar, para uma proporção x dos indivíduos esse custo é T_H e para uma proporção $(1 - x)$ de indivíduos esse custo é T_L. Considere que $T_H > B - b > T_L$.

   (a) Como ficam as condições de equilíbrio do modelo com governo?

   (b) Como fica o equilíbrio no modelo com governo? Ocorrem transações? Para que valores de x? Quais são os ganhos de troca no modelo?

2. Considere que a probabilidade de detecção da trapaça seja dada por $\pi = f(r)$, sendo r a quantidade de reclamações e $f'(r) < 0$ (ou seja, a função f é decrescente em r, quanto mais reclamações, mais difícil fiscalizar e punir um agente especificamente). Essa forma mais geral substitui a equação (12.1). Mostre que o resultado do modelo se mantém: há uma região onde há dois equilíbrios.

3. O modelo assume que o custo incorrido por cada agente quando ambos escolhem trapacear é igual ao ganho de troca b. Mostre que o resultado do modelo se mantém quando relaxamos essa hipótese.

Referência

LICHAND, G.; SOARES, R. Access to Justice and Entrepreneurship: Evidence from Brazil's Special Civil Tribunals, *The Journal of Law and Economics*, v. 57, 2014.

13

Desmatamento

NO BERÇO do Brasil pré-colonial, a extração do pau-brasil foi a primeira atividade econômica regulamentada em território nacional, sob regime de estanco (monopólio régio para comercialização). Em 1502, firmava-se o primeiro contrato de concessão, em favor do consórcio de mercadores liderado por Fernando de Noronha. Em pouco mais de três séculos, a exploração predatória da rentável madeira de cor avermelhada, realizada sem replantio, quase levou a espécie (e grande parte da mata atlântica nativa) à extinção (Dean, 1996).

Aos poucos, foram surgindo esforços para proteger outros recursos florestais do contrabando e da exploração ilegal no litoral da colônia, atividades que afetavam os lucros da Coroa com o comércio madeireiro e a disponibilidade estratégica das chamadas "madeiras reservadas" (posteriormente conhecidas como "madeiras de lei"), destinadas primordialmente à construção das embarcações que alimentavam as ambições ultramarinas da metrópole.

No período imperial, várias iniciativas e dispositivos legais (Cartas Régias, Alvarás, Ordenações etc.) tentaram disciplinar a exploração das florestas, concebendo pela primeira vez, ainda que de forma embrionária, a ideia de reserva legal (Antunes, 1996). A falta de rigor no cumprimento e na fiscalização da norma, aliada aos lucros atrativos da atividade madeireira, colaborou para que a devastação prosseguisse alheia à regulamentação.

Já em 1934, o Brasil republicano instituía seu primeiro Código Florestal, por meio do Decreto nº 23.793. Sancionado por Getúlio Vargas, o texto estabelecia, sob ameaça de detenção de até três anos e multa de até 10:000$000 mil-réis, que nenhum proprietário de terras poderia abater mais de $\frac{3}{4}$ da vegetação existente, preservando o que ficou conhecido como a "quarta parte", a primeira definição de "reserva legal".[60]

Longe de serem motivadas pelas consequências do efeito estufa ou pela ameaça do aquecimento global, as preocupações do governo tinham como alvo a expansão das culturas agrícolas (em particular, dos cafezais), que afetava a disponibilidade (e, portanto, o preço) de lenha, então base da matriz energética brasileira. Não por coincidência, a legislação promulgada permitia que a tal "quarta parte", mesmo se devastada, pudesse ser reposta com florestas homogêneas, mais produtivas na oferta de madeira para fins energéticos.

De toda forma, é possível imaginar que um possível "apagão de lenha e carvão" teria um efeito semelhante a um choque no preço da gasolina nos dias atuais.

Tal como sucedeu com outras leis, a iniciativa do governo não vingou: era muito difícil para o poder público fiscalizar o desmatamento e mapear a expansão fundiária no território nacional. Além disso, a forma de ocupação das terras ainda vigorava pelo princípio do usucapião (*uti possidetis*), isto é, a propriedade de uma determinada parcela de terras poderia ser reivindicada como legítima pela sua ocupação pacífica.

Em outro contexto político e energético, uma nova legislação ambiental foi aprovada pelo Congresso em 1965, durante o regime militar. Sancionada pelo general Cas-

[60] No mesmo ano, promulgava-se a nova Constituição Federal, os Códigos de Água, Minas, Caça e Pesca, e era anunciada a primeira Conferência Brasileira de Proteção à Natureza.

telo Branco, a Lei Federal nº 4.771 instituía a Reserva Legal (RL), equivalente a 50% na Amazônia e 20% no restante do país, além de criar as Áreas de Preservação Permanente (APP), cujas terras não poderiam mais ser objeto de exploração de qualquer natureza. O texto previa que os proprietários que, eventualmente, tivessem ultrapassado os limites previstos na legislação, teriam de se responsabilizar pela recomposição da área protegida.

As motivações, novamente, excediam a simples preservação dos biomas e matas nativas: estavam inseridas em um plano mais audacioso de defesa da soberania em regiões ainda não ocupadas territorialmente, como era o caso da Amazônia. E, também novamente, a lei não vingou. Décadas de não observância da legislação, aliadas ao avanço da fronteira agrícola e aos incentivos do governo federal à colonização e ocupação do interior do país, aceleraram o desmatamento nas décadas de 1960, 1970 e 1980. Ao final, boa parte das propriedades rurais operava de forma irregular ou ilegal sob a ótica do Código vigente.

A despeito disso, em 1996, o Governo Federal editaria a Medida Provisória (MP) nº 1.511, elevando o percentual de RL para a Amazônia para 80%. Sob a nova regra, mesmo aqueles proprietários que haviam zelado pelos limites da legislação anterior foram remetidos imediatamente à ilegalidade. Para tornar mais complexa a questão, outras cartas foram lançadas à mesa: controle de gases estufa, manejo sustentável, expansão irregular da indústria madeireira e da pecuária, demarcação de terras indígenas, grilagem de terras públicas, instalação de obras de infraestrutura (como a Usina Belo Monte), entre outras.

Como resultado da inobservância histórica das regras e instituição, grande parte da produção agrícola do país é, ainda hoje, realizada em áreas restritas pelo Código

Florestal. No atual contexto, a aplicação e fiscalização rigorosa da legislação atual fariam com que uma parcela importante da terra utilizada para cultivo fosse convertida em terra improdutiva, às expensas dos seus proprietários, com impactos (ainda não estimados) sobre o preço dos produtos, incluindo alimentos e biocombustíveis.

Voltamos, assim, ao temor de um "apagão", desta vez em sua versão agrícola.

Recentemente, o debate em torno da questão foi reaceso pela sociedade e pelo Congresso, em torno de uma nova redação para o Código Florestal. Na pauta, o desafio da nova legislação em oferecer uma solução derradeira para os impasses históricos na demarcação de terras e reservas florestais, à custa da negociação de um tipo de "anistia" a proprietários de terras, cujas terras, produtivas, permanecem em situação irregular.

Infelizmente, os esforços não perpassam uma questão importante: seria possível alcançar o mesmo nível de preservação ambiental almejado pela lei e pela sociedade de modo mais eficiente?

13.1 Modelo

Há n fazendas na economia, n é um número grande. Para simplificar, todas as fazendas são do mesmo tamanho (essa hipótese não é importante para os resultados, mas simplifica a notação). A produção em cada fazenda é dada por

$$y_i = AL_i$$

em que A é uma constante que representa o estado da tecnologia e L_i é a qualidade da terra, indica quanta produção esse pedaço de terra gera. A variável L_i pode ser vista como uma variável aleatória descrita pela função de probabilidade $f(L)$ e distribuição cumulativa de probabilidade $F(L)$. Para facilitar a notação, digamos que, quanto maior i, mais produtiva é a fazenda, ou seja, se $j > i$, então $L_j > L_i$.

Figura 13.1 – Distribuição do L

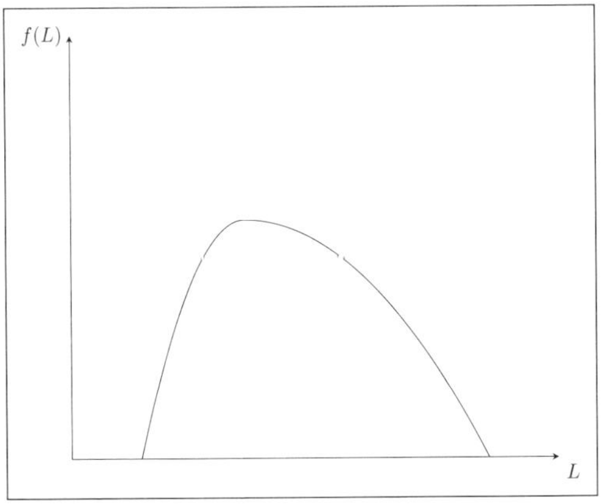

Fonte: Elaboração dos autores.

13.1.1 O custo da preservação

De acordo com a lei, cada fazendeiro deve manter uma proporção P de sua fazenda sem cultivo agrícola. Isso gera um custo de oportunidade. Cada fazendeiro tem sua produção reduzida em

$$AL_iP\,.$$

Assim, o custo total em termos de produção agrícola perdida é dado por

$$C = \sum_{i=1}^{n} AL_iP = AP\sum_{i=1}^{n} L_i = APn\bar{L}$$

sendo $\bar{L}$ a qualidade média da terra.

O total preservado é igual ao número de fazendas vezes a proporção preservada em cada fazenda: o equivalente a nP fazendas.

13.2 O mercado de crédito de desmatamento

Suponha agora que os fazendeiros devam, em princípio, manter uma proporção P de sua fazenda sem cultivo agrícola, mas que eles possam comprar e vender *créditos de desmatamento*. Esse mercado funcionaria de maneira semelhante ao mercado de crédito de carbono, que já existe em vários países, no qual as indústrias transacionam o direito a poluir.

Digamos que o preço de uma fazenda preservada seja π. Os produtores, pensando apenas em seu próprio bolso, agirão da seguinte forma:

- Se $AL_i > \pi$, o produtor escolherá produzir. Ele comprará de outros o direito de utilizar sua terra toda para produzir, o que gerará receita igual a PAL_i e despesa igual a $P\pi$. Como $AL_i > \pi$, o negócio vale a pena.

- Se $AL_i < \pi$, o produtor escolherá vender o direito de produzir a outros. Isso gerará receita igual a $(1 - P)\pi$ e ele deixará de ganhar $(1 - P)AL_i$. Como $AL_i < \pi$, não produzir é a melhor pedida.

Assim, há um valor L^* tal que terras de melhor qualidade ($L_i > L^*$) serão cultivadas, enquanto terras piores ($L_i < L^*$) não serão. Qual será o preço de equilíbrio e, portanto, esse valor L^*? A condição de *market clearing* impõe igualdade entre a quantidade vendida e a quantidade comprada. Assim, para cada pedaço de terra desmatado por conta de um crédito de desmatamento comprado por um fazendeiro haverá um outro pedaço de terra que passará a ser preservado por conta de um crédito de desmatamento vendido. Portanto, o total preservado será o mesmo que o inicial, nP. Assim, temos que

$$F(L^*) = P\,.$$

Figura 13.2 – $F(L^*)$

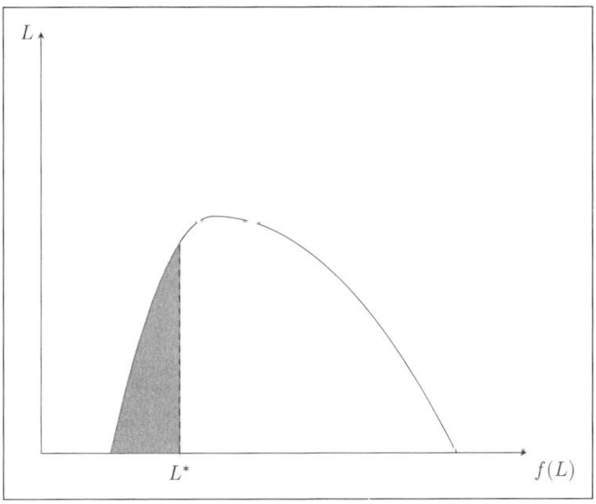

Fonte: Elaboração dos autores.

O valor de L^* em equilíbrio é tal que a proporção de terras com produtividade inferior a L^* é igual a P. Só assim a quantidade de compradores e vendedores é consistente com o equilíbrio.

O custo total com o mercado de crédito de desmatamento será:

$$C^m = \sum_{i=1}^{nP} AL_i\,.$$

Esse custo é dado pela soma total do que poderia ser produzido pelas nP fazendas menos produtivas. Note que

$$E(L|L < L^*) = \frac{\sum_{i=1}^{nP} L_i}{nP}.$$

Assim,

$$C^m = AnPE(L|L < L^*).$$

Portanto,

$$\frac{C^m}{C} = \frac{E(L|L < L^*)}{\bar{L}}.$$

O custo com o mercado de desmatamento é menor que o custo com a lei atual. A proporção entre os custos é dada pela proporção entre a produtividade média das nP fazendas menos produtivas e a produtividade média na economia como um todo.

Figura 13.3 – Áreas de preservação espalhadas

Fonte: Arquivo dos autores.

13.3 Conclusões

Preservar o meio ambiente tem um custo. Se não tivesse, não seriam necessárias leis para tal. O exemplo dessa nota trata do custo de oportunidade de usar a terra para o plantio. Preservar o meio-ambiente também gera benefícios. Aqui não nos aprofundamos nesses benefícios, apenas partimos do pressuposto de que gostaríamos de deixar uma certa quantidade de terra sem cultivo agrícola. Mostramos então que pode haver formas de se obter um nível semelhante de preservação com um custo menor em termos de perda de produção agrícola.

O meio ambiente pode ser entendido como um grande recurso sem dono, e as políticas públicas de preservação devem buscar alinhar os incentivos de cada um com os objetivos da sociedade como um todo, em um caso em que as externalidades têm importância fundamental.

Este capítulo focou em apenas um aspecto da questão do desmatamento. Há, porém, pesquisa econômica sobre muitas outras questões ligadas à preservação das florestas — e muito ainda a ser estudado. Exemplos recentes incluem Assunção et al. (2022) mostrando o efeito no desmatamento de restrições na concessão do crédito rural; e Bragança e Dahis (2022) mostrando como questões políticas afetam o desmatamento.

13.4 Exercícios

1. Como a correlação entre qualidade da terra em termos de produtividade e em termos de valor ambiental afetaria as conclusões?

2. Suponha que seja preferível, do ponto de vista ambiental, ter áreas de preservação juntas (uma área grande melhor que várias areazinhas). Se a produtividade da terra de regiões próximas tende a ser parecida, como o mercado para créditos de desflorestamento afetaria o modelo?

3. Se do ponto de vista ambiental estamos interessados em preservar diferentes ecossistemas, como isso afetaria a implementação do mercado para créditos de desflorestamento?

4. Não consideramos custos de produzir, custos de preservar a terra. Mas a lógica do exemplo se mantém quando colocamos isso no modelo. Mostre.

Referências

ANTUNES, P. B. *Direito ambiental.* Rio de Janeiro: Lumen Juris, 1996.

ASSUNÇÃO, J.; GANDOUR, C.; ROCHA, R. Does Credit Affect Deforestation? Evidence from a Rural Credit Policy in the Brazilian Amazon. *Economic Journal*, 2022.

BRAGANÇA, A., DAHIS, R., Cutting Special Interests by the Root: Evidence from the Brazilian Amazon, *Working paper*, 2022.

DEAN, W. *A ferro e fogo*: a história e a devastação da Mata Atlântica brasileira. São Paulo: Companhia das Letras, 1996.

14

Mercados ilícitos

NOTA-SE, nos dias de hoje, um interesse crescente da sociedade em rediscutir e reavaliar os méritos, os custos e a eficácia da atual política de combate às drogas, tanto no Brasil quanto no mundo.

Nos pontos extremos, há quem defenda a continuidade (com igual ou maior rigor) da repressão à produção, comércio e consumo de substâncias ilegais, entendidas como causa direta ou indireta de várias mazelas sociais, como criminalidade, prostituição, pobreza, violência (urbana, doméstica e infantil), além de problemas de saúde pública (como a toxicodependência, distúrbios psicossociais etc.). No *corner* oposto, partidários da legalização questionam o cerceamento das liberdades individuais por parte do Estado; o baixo custo-benefício das políticas; a inflação da população carcerária; o direcionamento do consumo para drogas de pior qualidade, mais baratas e mais potentes; os incentivos econômicos à proliferação de organizações criminosas e armas de fogo; a possibilidade de serem arrecadados impostos com a legalização (a exemplo do álcool e do tabaco) etc.

Em termos práticos, quais resultados têm sido alcançados pela política proibicionista?

Nos Estados Unidos, maior mercado consumidor e receptador de drogas no mundo, movimentando cerca de U$ 150 bilhões de dólares em 2016 considerando as 4 principais drogas ilícitas (*cannabis*, cocaína, heroína e metanfetamina).[61] O orçamento americano de 2020 pre-

[61] Disponível em: https://bit.ly/3PvjWth. Acesso em: 19 maio 2023.

via US$ 34,6 bilhões dos cofres públicos para o combate às drogas,[62] além disso, o sistema carcerário dos Estados Unidos custava em torno de U$ 182 bilhões em 2017[63], considerando que 1 a cada 5 dessas pessoas está na prisão por uma causa relacionada às drogas, isso implica numa cifra adicional de U$ 36,4 bilhões gastos. No mundo, um relatório de 2012 da organização Count the Costs dá razão a esforços de repressão não inferiores a US$ 100 bilhões anuais, contra um mercado negro que movimenta, a despeito da proibição, mais de US$ 330 bilhões ao ano.[64]

Na Europa, segundo maior mercado de drogas do mundo, os resultados têm sido igualmente tímidos, e o consumo mantém-se aquecido. Segundo o última versão do Relatório Europeu sobre Drogas (2020), estima-se que cerca de 90 milhões de europeus adultos já consumiram *cannabis* em algum momento de suas vidas — o equivalente a um quarto da população adulta do continente. Além disso, 5.4% e 3.7% da população adulta consumiu cocaína ou anfetaminas, respectivamente, ao menos uma vez na vida. Novas substâncias psicoativas são frequentemente encontradas. Em 2019, 790 novas substâncias psicoativas eram monitoradas pelas autoridades das quais 53 foram comunicadas pela primeira vez na Europa naquele ano.[65]

Recentemente, a Organização dos Estados Americanos (OEA) acolheu, pela primeira vez, a flexibilização das políticas nacionais de combate às drogas nos países (incluindo a legalização e a despenalização,)[66] com vistas ao arrefecimento do poder do narcotráfico, à redução da cri-

62 Disponível em: https://bit.ly/3LBXfCS. Acesso em: 19 maio 2023.
63 Disponível em: https://bit.ly/3rvLzdR. Acesso em: 19 maio 2023.
64 Disponível em: https://bit.ly/3rpb54x. Acesso em: 19 maio 2023.
65 Disponível em: https://bit.ly/45eTpqg. Acesso em: 19 maio 2023.
66 Disponível em: https://bit.ly/3RFOxHz. Acesso em: 19 maio 2023.

minalidade e à prevenção.[67] A decisão ecoa, de alguma forma, as conclusões da Comissão Global de Políticas sobre Drogas da Organização das Nações Unidas (ONU), que argumentam que a "Guerra contra as Drogas", em suas mais de quatro décadas, fracassou.[68]

No Brasil, o porte de entorpecentes para uso pessoal é uma infração penal. Em 2010, o Congresso Nacional aprovou um Projeto de Lei que torna mais rigoroso o Sistema Nacional de Políticas sobre Drogas (Sisnad), elevando a pena mínima para traficantes de organizações criminosas e autorizando a internação involuntária de usuários dependentes de drogas.[69] O país mantém-se, todavia, como o maior mercado consumidor da América do

---

[67] Segundo a OEA, o continente americano, responsável por 45% dos usuários de cocaína, 50% dos usuários de heroína e 25% dos consumidores de maconha no mundo, é a única região do mundo a congregar todas as etapas relacionadas com as drogas (cultivo, produção, distribuição e consumo), resultando em um faturamento anual de US$ 151 bilhões.

[68] "*The global war on drugs has failed, with devastating consequences for individuals and societies around the world. Fifty years after the initiation of the UN Single Convention on Narcotic Drugs, and 40 years after President Nixon launched the US government's war on drugs, fundamental reforms in national and global drug control policies are urgently needed. Vast expenditures on criminalization and repressive measures directed at producers, traffickers and consumers of illegal drugs have clearly failed to effectively curtail supply or consumption. Apparent victories in eliminating one source or trafficking organization are negated almost instantly by the emergence of other sources and traffickers. Repressive efforts directed at consumers impede public health measures to reduce HIV/AIDS, overdose fatalities and other harmful consequences of drug use. Government expenditures on futile supply reduction strategies and incarceration displace more cost-effective and evidence-based investments in demand and harm reduction.*" Disponível em: https://bit.ly/457kATu. Acesso em 19 maio 2023.

[69] Projeto de Lei nº 7.663, de 2010.

Sul, além de ser considerado corredor internacional para o contrabando de substâncias para o mercado europeu.

Como entender esse fenômeno, sob as lentes da teoria econômica?

Sabemos que os mercados constituem arranjos sociais nos quais trocas voluntárias de bens e serviços são realizadas pela livre interação entre oferta e demanda. Podemos assumir, portanto, que um mercado passe a ser considerado ilícito quando uma intervenção do governo (proibição absoluta, parcial ou racionamento) restrinja, em algum grau, a livre produção, troca e/ou consumo nesse mercado, impondo custos e riscos adicionais aos agentes que optem por transgredir a lei.

Com efeito, quando os custos ou riscos da contravenção são suficientes para contrapesar a expectativa dos benefícios associados à perpetuação das atividades proibidas, o mercado deixa de existir. Se, por outro lado, a incorporação dos custos e dos riscos é tal que se possa ainda produzir um equilíbrio de mercado entre os ofertantes e demandantes remanescentes, cria-se um "mercado negro", no qual o bem é produzido, comercializado e consumido em condições restritas. Uma grande preocupação é que essa forma de organizar a produção e comercialização de um produto possa resultar em outras formas de crime e violência.[70]

Segundo um estudo da Comissão Europeia, o mercado ilícito de drogas compartilha, em grande medida, das mesmas "leis" que os mercados lícitos.[71] Cita-se, por exemplo, a importância de manter boas relações entre for-

[70] Para evidência da ligação entre mercados ilegais e violência, ver Chimeli e Soares (2017).

[71] Disponível em: https://bit.ly/3PPROma. Acesso em: 19 maio 2023.

necedores e empregados e a frequência com a qual problemas nas transações foram resolvidos por meio de negociações e compensações. Salienta também que o *enforcement* das leis e a repressão sobre produção e distribuição da maconha tem por efeito elevar dramaticamente seu custo, uma compensação aos produtores e traficantes pelo risco de serem presos, encarcerados, atacados e feridos, além de cobrir as ineficiências associadas a ter que operar em sigilo.

Afinal, qual o melhor caminho para desincentivar o uso de um bem considerado perigoso? Quem ganha e quem perde com a proibição?

14.1 Modelo

Há um produto x que a sociedade como um todo não quer que as pessoas consumam. Chamamos x de droga. Digamos que x gera importantes externalidades negativas.

A demanda pelo produto x é dada por

$$Kp^{-\varepsilon}$$

sendo que ε indica a elasticidade preço da demanda.

A tecnologia de produção de x é simples: não há custo fixo e o custo marginal é c, constante.

No equilíbrio competitivo em um mercado livre, o preço é igual ao custo marginal e a quantidade produzida é igual a:

$$Q^L = Kc^{-\varepsilon}.$$

14.2 O equilíbrio em um mercado ilegal

A proibição impõe um custo: para conseguir operar nesse mercado, é preciso utilizar uma tecnologia menos produtiva, com custo de produção C, $C > c$. Além disso, deve-se investir para lutar com armas contra a polícia. Para simplificar, vamos dizer que o custo dessa luta armada seja de G por unidade produzida. Assim, o custo de produção passa a ser $C + G$.

Interpretação:

- C: em um mercado ilegal, não se pode transportar a mercadoria em grandes caminhões, criar reputação por meio de uma marca, escolher os locais e meios de produção apenas por motivos de eficiência: é preciso se esconder da lei. Portanto, o custo de produção C é muito mais alto que o custo de produção em um mercado legal, c.

- G: mesmo com todas essas precauções, às vezes é preciso entrar em combate com os agentes da lei. Além disso, problemas com clientes, fornecedores ou funcionários não podem ser resolvidos pelos canais formais da justiça. Assim, o modo mais lucrativo de se operar nesse mercado requer um investimento em "capital de guerra" (armas etc.), que chamamos G.

Em um ambiente ilegal, o preço de equilíbrio no mercado competitivo $p = C + G$. A quantidade produzida é então

$$Q^I = K\,(C+G)^{-\varepsilon} < Q^L.$$

A proibição faz com que a produção de drogas seja mais ineficiente ($C > c$) e perigosa ($G > 0$) que a legalidade. Assim, o custo é mais alto e, consequentemente, produz-se e consome-se muito menos. Quanto maiores são os valores de C e G, maiores são os efeitos da proibição.

14.3 O efeito de um imposto

Suponha agora que o governo libere o comércio de drogas e institua um imposto, τ por unidade produzida. O custo marginal passa a ser $c + \tau$. Se esse custo marginal for inferior a $C + G$, o mercado legal (tributado) tira os traficantes do negócio e a quantidade produzida com tributação passa a ser:

$$Q^T = K\left(c + \tau\right)^{-\varepsilon} < Q^L.$$

Se a tributação for alta de modo que o custo $c + \tau$ fique próximo do custo no ambiente ilegal, $C + G$, a quantidade produzida nesse mercado tributado ficará próxima da quantidade produzida no mercado ilegal.

14.4 Proibição × tributação

Vimos que tanto a proibição quanto a alta tributação reduzem a quantidade produzida e consumida. Quais as diferenças?

- No caso da proibição, o Estado gasta recursos com policiais, armamentos, prisões, sistema de justiça etc. No caso da tributação, o Estado arrecada recursos com os impostos e gasta menos com a repressão.

- De onde vem esse ganho? A produção em um ambiente legal pode se valer de técnicas de produção, distribuição, *marketing* etc. muito mais eficientes.

- Além disso, no caso da proibição, os negociantes do mercado de drogas ilegais investem em "capital de guerra" (G). Isso pode ter importantes externalidades negativas.

Qual a vantagem de proibir então? A ilegalidade transmite uma mensagem forte de que o produto não deve ser consumido em hipótese alguma, não é uma questão de preço. Quando o consumo é legal, o Estado está passando uma diferente mensagem: o consumo é permitido, mas desincentivado. A influência dessas diferenças nas mensagens é difícil de quantificar, mas deve depender de quanto as pessoas levam em conta as recomendações do Estado.

14.5 Conclusões

A proibição de certos mercados gera custos para a sociedade. Esta seção mostra como esses custos podem ser entendidos em um simples arcabouço econômico. Há outras formas melhores de lidar com esse problema? O objetivo da análise aqui foi simplesmente propor um modelo simples para inserir considerações econômicas na discussão. O modelo pode ser estendido para refletir vários outros fatores relevantes para essa questão.

Para saber um pouco mais sobre os ganhos e riscos nesse mercado de trabalho, veja Carvalho e Soares (2016).

14.6 Exercícios

1. Discuta alguma(s) externalidade(s) proveniente(s) do investimento em G ("capital de guerra"). Monte um modelinho para analisar o impacto da externalidade que você está estudando.

2. Focando em um aspecto específico do ambiente ilegal, aprofunde a análise em alguma das perdas de eficiência. Discuta. Em alguns casos, pode ser conveniente montar um modelinho.

3. A análise considerou custos marginais constantes e ausência de custo fixo, levando assim a um mercado competitivo nas duas situações. A hipótese é razoável? Se não é, analise se uma estrutura de mercado mais apropriada traria diferenças à análise.

4. Aprofunde a análise sobre a proibição do comércio de drogas ilícitas focando em algum aspecto que não entrou no modelo ou que não foi suficientemente trabalhado.

5. Discuta as razões pelas quais a sociedade gostaria de impor limites no consumo de certos bens a cada um de nós.

6. A Lei Seca vigente nos Estados Unidos entre 1920 e 1933 tinha objetivos similares aos da proibição das drogas no mundo de hoje. Pesquise sobre a Lei Seca e discuta seus impactos. Foque sua pesquisa em artigos acadêmicos, ou em textos baseados em pesquisas sérias, não em opiniões jogadas pela internet.[a]

---

[a] Sugestao: Garcia-Jimeno (2016).

Referências

CARVALHO, S. R. Living on the edge: youth entry, career, and exit in drug-selling gangs. *Journal of Economic Behavior and Organization*, v. 121, p. 77-98, 2016.

CHIMELI, A.; SOARES, R. The use of violence in illegal markets: evidence from Mahogany Trade in the Brazilian Amazon. *American Economic Journal*: Applied Economics, v. 9, p. 30-57, 2017.

GARCIA-JIMENO, C. The Political Economy of Moral Conflict: An Empirical Study of Learning and Law Enforcement Under Prohibition, *Econometrica*, v. 84, p. 511-570, 2016.

15

Rent-seeking

Os MODELOS econômicos mais simples que normalmente são utilizados nos cursos introdutórios de economia mostram firmas e indivíduos que buscam maximizar lucro ou utilidade empregando seus esforços exclusivamente na produção. Mas uma simples leitura um pouco mais cuidadosa dos jornais nos faz perceber que a realidade opera de forma diferente. Em todas as sociedades existem os *rent-seekers*,[72] agentes econômicos que buscam obter renda por meio da manipulação do ambiente social ou político em vez de criar ou agregar valor econômico. Esse comportamento pode ser perfeitamente racional, depende das preferências que os agentes tiverem e dos custos envolvidos.

A economia brasileira está recheada de exemplos de comportamentos *rent-seekers*. Por essa razão, o economista Fernando Holanda Barbosa a definiu como economia dos privilégios. Por privilégio ele entende "a apropriação de recursos públicos para fins privados, por meios legais, sem que haja contrapartida de trabalho que justifique o valor extraído. Em outras palavras, a economia de privilégios consiste na atividade de criar mecanismos para viver como rentista de estado" (Barbosa, 2021). Empresários em busca de subsídios e reserva de mercado; trabalhadores com tratamentos especiais via proteção de suas atividades e benefícios tributários; grupos de interesse que ma-

---

[72] A expressão *rent-seeker* foi cunhada em Krueger (1974), um clássico sobre o assunto, mas o fenômeno a que se refere foi formalmente identificado por Gordon Tullock em 1967.

nipulam leis e regras para seus benefícios privados etc., todos esses são expressões de comportamento *rent-seeking*.

Rent-seeking, de maneira geral, pode ter importantes efeitos distributivos. Nessa parte do curso vamos nos voltar para os efeitos que as atividades de *rent-seeking* podem ter para a eficiência econômica.

15.1 Modelo básico

Há na economia n indivíduos, sendo n um número grande. Cada indivíduo i pode utilizar seu tempo para produzir ou para fazer *rent-seeking*, sendo a_i o tempo gasto na produção e ℓ_i o tempo gasto com *rent-seeking*. Normalizando o total de tempo disponível a cada indivíduo igual a 1 unidade de tempo, temos que:

$$a_i + \ell_i = 1\,.$$

A produção de cada indivíduo é dada por

$$y_i = a_i^{\alpha}$$

sendo $\alpha < 1$, refletindo retornos decrescentes de escala.

O *rent-seeking* gera transferências para o indivíduo. Contudo, essas transferências têm que ser pagas com recursos de outros indivíduos de modo que o total de transferências tem que igualar o total de impostos. Assim, a transferência líquida recebida pelo indivíduo médio é igual a zero. Não há como fugir dessa restrição.

Para simplificar, adotamos uma forma linear para as transferências brutas recebidas pelo indivíduo i, T_i:

$$T_i = \phi \ell_i$$

sendo ϕ uma constante positiva que denota quão custoso é obter as transferências dos cofres do Estado. Por exemplo, empresários podem gastar tempo fazendo *lobbies* em Brasília em busca de reserva de mercado ou tratamento tributário preferencial. Podem exercer pressão para ter políticas de conteúdo nacional, favorecimento tributário para seu setor etc. Se esses privilégios são obtidos caso a caso com uma pequena mudança de regra numa portaria de ministério, o ϕ seria alto. No caso de uma aprovação de lei em que envolveria um grande número de agentes e significantes esforços de coordenação, o ϕ seria baixo. Se os cartórios extraem renda, a possibilidade de existir cartório vai fazer o agente gastar tempo que poderia ser usado na produção para tentar ser o dono do cartório, então a existência de cartórios seria um ϕ alto. Se as tarifas de importação são as mesmas sempre, não dá para mexer nisso (o ϕ é baixo), mas se as tarifas mudam e são acertadas caso a caso, podem estar sujeitas à ação de *lobbies*, o ϕ é alto, o tempo usado para conseguir tarifa vai gerar transferência.

Essas transferências vêm de impostos *lump-sum*, recolhidos de todos. Assim, não há nenhuma distorção proveniente da tributação. Impostos distorcionários incluiriam mais uma distorção no modelo. O imposto pago por cada indivíduo é igual a

$$\frac{\sum T_i}{n} = \frac{\sum \phi \ell_i}{n} = \phi \bar{\ell}\,.$$

Assim, a transferência líquida recebida pelo indivíduo i, τ_i, é igual à diferença entre a transferência bruta e os impostos:

$$\tau_i = \phi\left(\ell_i - \bar{\ell}\right)\,.$$

Portanto, cada indivíduo maximiza $a_i^{\alpha} + \phi\left(\ell_i - \bar{\ell}\right)$ sujeito à restrição $a_i + \ell_i = 1$.

15.1.1 Equilíbrio

Substituindo a restrição na função objetivo, obtemos que o indivíduo maximiza $u_i = a_i^\alpha + \phi\left([1 - a_i] - \bar{\ell}\right)$. Derivando essa expressão com relação a a_i, obtém-se

$$\frac{\partial u_i}{\partial a_i} = \alpha a_i^{\alpha-1} - \phi\,.$$

Em equilíbrio, temos que:

$$\begin{aligned} a_i &= \left(\frac{\alpha}{\phi}\right)^{\frac{1}{1-\alpha}} && \text{se } \phi > \alpha \\ &= 1 && \text{se } \phi \leq \alpha\,. \end{aligned}$$

Resultado: se ϕ é pequeno, menor que α, não faz diferença. O produto da economia é dado por

$$\sum_n y_i = \sum_n (a_i)^\alpha = n\,.$$

Se $\phi > \alpha$, quanto maior ϕ, pior está a economia. O produto da economia é dado por

$$\sum_n y_i = n\left(\frac{\alpha}{\phi}\right)^{\frac{\alpha}{1-\alpha}}$$

que é menor que n e decrescente em ϕ.

A ideia é que quanto mais rentável é a atividade do *rent-seeking* (quanto maior ϕ), menores são os incentivos para trabalhar na produção.

15.2 Extensões

15.2.1 Utilidade côncava

Assumimos que cada indivíduo maximiza uma função linear dos recursos disponíveis, $a_i^\alpha + \phi\left(\ell_i - \bar{\ell}\right)$. Vamos agora considerar que os indivíduos maximizam

$$u_i = u\left(a_i^\alpha + \phi\left(\ell_i - \bar{\ell}\right)\right), \quad \text{sendo} \;\; u' > 0, u'' < 0\,.$$

Derivando-se essa expressão com relação a a_i, obtemos

$$\frac{\partial u_i}{\partial a_i} = u'(a_i^\alpha + \phi\left(1 - a_i - \bar{\ell}\right))\left[\alpha a_i^{\alpha-1} - \phi\right]$$

e assim a escolha de a_i é exatamente igual à anterior. A ideia que o indivíduo está maximizando a quantidade de recursos em mãos, e escolhe a_i de modo a obter o maior consumo. O formato da função utilidade não afeta isso.

15.2.2 Heterogeneidade

Agora, suponha que haja heterogeneidade e cada indivíduo produza:

$$y_i = \theta_i a_i^\alpha$$

sendo θ_i uma constante positiva que indique a produtividade do indivíduo i. Agora,

$$\frac{\partial u_i}{\partial a_i} = \theta_i \alpha a_i^{\alpha-1} - \phi$$

e assim,

$$\begin{aligned} a_i &= \left(\frac{\theta_i \alpha}{\phi}\right)^{\frac{1}{1-\alpha}} && \text{se}\, \phi > \theta_i \alpha \\ &= 1 && \text{se}\, \phi \leq \theta_i \alpha\,. \end{aligned}$$

Se θ_i for alto o suficiente, $a_i = 1$. Além disso, para $\phi > \theta_i \alpha$, o valor de a_i é crescente em θ_i. Quanto maior o θ_i, maior o esforço dispendido na produção.

15.3 Conclusões

Regulamentações que dificultam os esforços produtivos podem distorcer a economia de um modo prejudicial: muitos potenciais empreendedores decidem não abrir uma empresa por conta dos trâmites burocráticos custosos, e a economia como um todo sai perdendo. Reduzir esses enormes custos para as atividades produtivas é uma excelente maneira de melhorar a produção e a renda nos países mais pobres do planeta.

Além disso, regulamentações podem acabar abrindo espaço para atividades de *rent-seeking*. Essa e outras políticas estudadas durante o curso podem ter o perverso efeito de tornar atividades de *rent-seeking* mais lucrativas. No nosso modelo, isso corresponderia a um maior valor de ϕ. Assim, essas intervenções trariam ineficiências além das estudadas em cada um dos capítulos.

Por exemplo, regras maleáveis para concessão de crédito subsidiado, tributação ou direitos de aposentadoria podem permitir ao governo reagir a choques que se abatem sobre a economia. Contudo, podem também estimular a atividade de *rent-seeking*, tornando um bom *lobby* mais produtivo que uma inovação tecnológica e, consequentemente, direcionando os esforços das pessoas para atividades que ajudam a transferir recursos de uns para os outros mas não aumentam a quantidade de recursos disponíveis para a sociedade.

15.4 Exercícios

1. Mostre que haverá um imposto dos mais produtivos aos menos produtivos em uma economia com diversos tipos de indivíduos (θ_i) se $\theta_{\min} < \phi/\alpha$.

2. Suponha que haja dois tipos de indivíduos, sendo λ com produtividade θ_L e $(1-\lambda)$ com produtividade θ_H, sendo $\theta_H > \theta_L$. A função utilidade é linear e $\alpha = 1/2$. Obtenha uma expressão para as transferências líquidas na economia.

    (a) Qual a utilidade de cada agente?

    (b) Quem tem consumo mais alto? O agente com produtividade θ_H, o agente com produtividade θ_L, ou isso é ambíguo dependendo dos parâmetros?

3. Se a função utilidade dos indivíduos é côncava, é interessante transferir renda dos mais produtivos aos menos produtivos. Neste modelo, o *rent-seeking* é a única maneira de transferir renda e os impostos são *lump-sum*, não distorcem as decisões.

    (a) Poderia nesse caso um ϕ positivo ser ótimo para a economia? Calcule o ϕ ótimo do ponto de vista social (pode ser com dois tipos de agentes).

(b) Suponha agora que as taxas sejam escolhidas maximizando uma função de bem-estar social e possam ser contingentes ao tipo (θ_i). Poderia nesse caso um ϕ positivo ser ótimo para a economia? Calcule o ϕ ótimo e a taxação ótima do ponto de vista social. [Pode ser útil começar pelo *first best* na economia.]

Discuta os resultados.

Referências

BARBOSA, F. H. *O flagelo da economia de privilégios*: Brasil, 1947-2020. Rio de Janeiro: Editora FGV, 2021.

KRUEGER, A. The Political Economy of the rent-seeking Society, *American Economic Review*, v. 64, p. 291-303, 1974.

Agradecimentos

ESTE livro é fruto das experiências dos seus autores no ensino de economia por mais de duas décadas tanto na graduação quanto na pós-graduação. Muitos dos modelos aqui apresentados foram desenvolvidos ao longo dos cursos e discutidos com várias gerações de alunos e alunas. A todos eles e a elas devemos muito do que aqui é apresentado.

Este livro não existiria sem as assistências e contribuições de dois alunos da pós-graduação da FGV EESP. Muitos dos capítulos aqui apresentados foram desenvolvidos inicialmente com o auxílio de Eduardo Zylberstajn. A versão atual contou com a assistência e as contribuições de Alei Santos. Eles contribuiram com as motivações, os dados e fatos estilizados presentes nas introduções dos capítulos e as versões finais dos modelos. Para ambos agradecemos o excelente trabalho e suas valiosas contribuições.

Muitos desses capítulos foram apresentados em cursos fora da FGV EESP. Em particular, gostaríamos de agradecer o professor Cézar Santos da FGV EPGE que utilizou parte do material em seu curso de pós-graduação profissional e nos agraciou com valiosos comentários e sugestões. Também gostaríamos de agradecer os professores e alunos do Departamento de Economia da UFPel que participaram de um curso de economia brasileira contemporânea com parte do material aqui apresentado. Por fim, desnecessário dizer, os erros e omissões remanescentes são de nossa inteira responsabilidade.

Este livro foi impresso nas oficinas gráficas da Editora Vozes Ltda.,
Rua Frei Luís, 100 – Petrópolis, RJ.